Marie Zotter
Erhöhte Raum- und Seelenenergie

Danke an meine Engel, die mich beschützen, begleiten und mir teilweise ihre Flügel leihen.

Marie Zotter

Erhöhte Raum- und Seelenenergie

Heilung, Gesundheit und Erfolg durch Transformation negativer Energien

Bibliografische Information der Deutschen
Nationalbibliothek
Die Deutsche Nationalbibliothek verzeichnet diese Publikation in
der Deutschen Nationalbibliografie; detaillierte bibliografische
Daten sind im Internet über http://dnb.d-nb.de abrufbar.

1. Auflage 2014

ISBN 978-3-942128-20-9
© Copyright 2013 by CORONA, Hamburg
Alle Rechte vorbehalten
Satz und Layout: CORONA, Hamburg
Lektorat: DK Agentur / Dietlind Koch
Druck. Standartu spaustuve www.standart.lt

Inhalt

Vorwort

Eine Tatsache ist, dass wir Menschen Energie mit bloßem Auge nicht sehen können. Doch alles um uns herum und eigentlich auch in uns ist Energie und von Energie umgeben. Ohne diese können wir nicht leben. Wir bewegen uns durch sie hindurch, sind quasi in ihr – und sie ist in uns. Die immaterielle Substanz unserer Körper ist aus Energie, so, wie alles, wohin unser Blick reicht und noch viel weiter, aus dieser Energie besteht.

Dennoch hat jeder seine eigene Energie, die von ihm ausgeht, ebenso wie Räume ihre eigene Energie haben und diese sich verändert, wenn sie von Menschen bewohnt oder beseelt werden. Aber auch die Natur, die Städte, Straßen, Felder, Gewässer oder Berge haben jeweils ihre eigene Energie, die nicht vergleichbar mit der Energiesubstanz des Menschen ist.

Denn Menschen prägen mit ihren Gefühlen und ihrem Tun eine deutliche Energieform oder, anders ausgedrückt, sie formen durch ihre Individualität eine eigene Energie, die wenn sie nicht verändert wird, oft über lange Zeit bestehen bleiben kann.

Nehmen wir hier das prägnanteste Beispiel, einen Raum. Meistens, wenn es sich um einen normal bewohnten Raum handelt, bemerken wir die Energie in ihm nur undeutlich und messen ihr keine große Bedeutung bei. Da Raumenergie nicht wirklich, nicht sichtbar, sondern nur subtil wahrgenommen wird, im positiven wie im negativen Sinn, sind wir dieser Energie unwissentlich ausgesetzt. Anders ist es, wenn Räume lange unbewohnt sind, die Luft abgestanden oder ein Raum in Alkohol getaucht und mit Zigarettenqualm verpestet ist. In solchen Fällen nehmen wir Energie sehr wohl wahr und reißen schnellstens das Fenster auf.

Mit Raumenergie beschäftigen wir uns in bewusster Art erst, wenn wir tatsächlich merken, wie wir uns in den Räumen, in denen wir uns aufhalten, fühlen. Ob wir energiegeladen, voller Freude sind oder ob uns ständig etwas in die »Tiefe« zieht. Am ehesten merken wir es, wenn plötzlich sorgenvolle Gedanken in unserem Kopf kreisen, er anfängt zu pochen und wir uns mit Ängsten beschäftigen. Dieses alles zusammen zieht an unserer Energie, bis wir uns erschöpft, ausgelaugt, frustriert fühlen und eigentlich gar nicht wissen, was uns da geschieht.

Daher sollten wir nicht freiwillig länger in einer niedrigen Energie verharren und uns das Leben damit schwer machen. Diese Zeit neigt sich dem Ende entgegen. Alles, was wir dazu tun müssen, ist, uns dem Prozess anzuschließen, unsere Energien zu reinigen und damit zu erhöhen.

Zu dieser Erhöhung gehört automatisch die Auseinandersetzung mit der eigenen Seelenenergie. Sie ist der Schlüssel zur erhöhten Raumenergie. Die Erhöhung der Eigenenergie oder Seelenenergie ist ein unglaubliches Mittel, um sich in ein lichtvolleres Leben einzubringen. Sämtliche Blockaden, geistiger oder körperlicher Natur, verschwinden, Probleme lösen sich auf, Dinge gelingen besser, einfacher und vor allem freudiger, als man es bisher gekannt hat. Viele Menschen treffen auf ganz neue Freundschaften, Partnerschaften oder ziehen einen besseren Arbeitsplatz in ihr Leben. Einer höheren Seelenenergie folgt auch eine höhere körperliche Energie. Müdigkeit, Verstimmungen und mangelndes Vertrauen ins Leben gehören der Vergangenheit an.

Wenn wir uns selbst in einer hohen ressourcenvollen Energie befinden, ziehen wir entsprechend der Resonanzfrequenz ähnliche licht- und freudvolle Umstände an.

Da dieser Seelenerhöhungsprozess so einfach ist, ist es um so bedauerlicher, dass noch so viele Menschen einen Großteil ihrer gesamten Lebenszeit damit verbringen, sich mit kleinen Problemen auseinanderzusetzen, und ständig aufs Neue versuchen, diese zu bereinigen. Dabei bleibt es nicht aus, dass Ärgernisse und Kränkungen permanent an der Tagesordnung sind. Wie wir zur Genüge wissen, vergiften diese das Gemüt und sind der große Gegenpol für ein selbstbestimmtes, freies, genussvolles und fröhliches Leben. Und immer noch vorherrschend ist der »Aberglaube«, dass wir uns ein Leben lang abrackern müssen, die Woche hoffentlich schon bald zu Ende geht und wieder ein Wochenende in Sicht ist, um dem ungeliebten Job zu entfliehen, oder wie sehr wir uns auch abmühen mögen, das Geld einfach sowieso nicht ausreicht. Dies sind alte, überholte Muster, die wir unnötig mit uns herumschleppen. In diesen Mustern stecken viele Menschen bewusst oder unbewusst fest. Aber genau mit diesem Mangeldenken und der gleichen sorgenvollen Schwingung werden wir davon abgehalten, unseren wahren Weg zu gehen, einen Weg, auf dem man ein derart erfülltes Leben führt, dass es tatsächlich lebenswert ist, hier auf dem Boden der Erde wandeln zu dürfen. Und gerade hier ist die Erhöhung der eigenen Seelenenergie ein wirksames Mittel, um tatsächlich seinen Seelenweg zu erkennen und diesem auch kraftvoll folgen zu können.

Einfache Übungen bringen uns in die Mitte, zentrieren uns und verbinden uns mit den Urkräften in uns und um uns herum. Wir finden den Zugang zu unserer Intuition, dieser leisen Stimme, die schutzengelhaft uns warnt oder weiterdrängt, je nachdem, wohin unser Weg führt. Jedoch könnten wir vielen negativen Umwegen aus dem Weg gehen, wenn wir auf unsere Intuition hören. Dadurch können wir auch schneller unsere Ziele erreichen und unsere Lebensqualität ins Positive verändern.

Die Erhöhung der Seelenenergie ist unser urpersönliches Grundrecht. Wir sind hier auf der Erde inkarniert, um uns den niederen Schwingungen zu entheben und unser Geburtsrecht einzufordern, unsere Energie und somit die unseres Planeten zu erhöhen. Gerade deshalb sind wir zu genau diesem Zeitpunkt hier auf der Erde, in dieser spannenden, aufregenden Zeit des Übergangs in eine höhere Energie, in eine lichtvolle Zeit. Wir alle tragen einen unwiederbringlich wichtigen Teil dazu bei.

Nun, auch Sie sind eingeladen mit einfachen Meditationen ihre Seele zum Schwingen zu bringen. Sie werden Blockaden und Probleme auflösen und unbeschwert des Weges weitergehen. Das heißt nicht, dass es dann von nun an keine Probleme oder Herausforderungen mehr gibt. Sind grundlegende existenzielle Aufgaben gelöst, so warten weitere spannende auf uns. Das sollte dann weiter kein Problem mehr darstellen.

Jedoch macht es einen gewaltigen Unterschied, ob wir ums Überleben kämpfen, uns jeden Tag Gedanken machen, wie man es schafft, Rechnungen termingerecht zu bezahlen, oder sich mit neuen Gedanken und Ideen auseinandersetzt, was uns so megawichtig ist, um es in diesem Leben umsetzen zu wollen, ohne einmal ans Geld denken zu müssen. Eine Seelenerhöhung bringt uns in diese höhere Stufe der Freiheit, in der wir uns nun solchen neuen Herausforderungen gegenübersehen. Da liegen Welten dazwischen.

Außerdem, und das ist eigentlich eine der wichtigsten Eigenschaften, die wir mit der Erhöhung der Seelenenergie entdecken werden, wir werden im Umgang mit unseren Mitmenschen hilfreicher, geduldiger und vor allem großzügiger. Das heißt noch lange nicht, dass wir nun jedem zu Gefallen sind oder dass wir daraufhin vergessen Grenzen zu ziehen. Wir werden nur konsequenter und geradliniger, da wir in kostbaren Momenten einfach wissen, was hier wirklich gespielt wird. Auch Streit und Rechthaberei lassen wir weitgehend hinter uns, denn einfache und klare Erklärungen reichen oftmals aus.

Seinen Standpunkt deutlich zu vertreten, sich weder ausnutzen noch benutzen zu lassen macht eine selbstbewusste Persönlichkeit aus. In dieser Position können wir Freundschaften wählen oder sie auch bei Bekanntschaften belassen. Wir haben die Klarheit der Dinge erkannt und die Zügel in der Hand.

Vor allem brauchen wir uns keine Sorgen mehr zu machen und können stattdessen diese Zeit in das Vertrauen, in das Mitgefühl und in den Frieden von Menschen, Tieren und auch in die Erde investieren. Hier werden wir am meisten gebraucht und unsere Energie, die wir in das Leben hineingeben, trägt vielfach zur Erhaltung des gesamten Kosmos bei.

Durch eine Seelenerhöhung werden wir feststellen, dass wir uns selbst in einer hohen Schwingung der Selbstliebe befinden. Diese strahlen wir förmlich aus. Erst dann, wenn wir uns selbst respektieren und lieben, erst dann können wir auch diese Energie auf die Erde bringen. Und sie wird sich zeigen, in allem, was wir tun.

Das Beste natürlich ist, wenn Sie sich selbst mit der Erhöhung der Seelenenergie auseinandersetzen, dann erleben Sie selbst unglaubliche Dinge, die Sie in Staunen und abermals in Staunen versetzen werden. Dann sprechen wir von einem Sein, wo wir auf der Erde unsere Handlungen vollbringen und mit den himmlischen Mächten verbündet sind.

Wir, alle Menschen sind energievolle Wesen, die ihr Licht wie eine Fackel vor sich hertragen. Die Herausforderung besteht darin, dieses Licht so hell wie möglich strahlen zu lassen. Damit es hell und heller werden möge auf der Erde. Nun lassen Sie uns diesen Fackelzug noch heute beginnen.

Einführung

Wie gelangt man dahin, diese Arbeiten der Raum- und Seelenenergieerhöhung für sich selbst oder für andere erfolgreich zu erbringen? Das ist sicher nun die Frage, welche Sie interessiert. Dafür stelle ich Ihnen die verschiedenen Möglichkeiten in diesem Buch vor. Gehen Sie so langsam oder schnell vor, wie Sie es für richtig halten. Als Beispiel schildere ich Ihnen meinen eigenen Weg, der auch kein kurzer, schneller war.

Persönlich habe ich meinen Weg der Transformation bewusst über Reiki gewählt. Dazu gehörte, mich lange und ausdauernd über Reiki und die einzelnen Lehrer zu informieren und mich dann zu entscheiden. Diese Gründlichkeit war für mich richtig, denn all das, was ich mir von Reiki versprochen habe, hat sich dann tatsächlich ereignet. Plötzlich öffnete sich der Zugang zu geistigen Helfern und Engeln, der mir zuvor verwehrt blieb. Außerdem trat bei mir eine Art Verständnis, auch Mitgefühl für Menschen zutage, wie ich es noch nie zuvor erlebt habe. Ich blicke ganz selbstverständlich hinter die Fassade und sehe, was es zu sehen gibt. Ich erkenne den Menschen in seiner Ganzheit. Ganz besonders bei Reikibehandlungen ergibt sich ein Bild in Farben getaucht von dem Menschen vor mir auf der Liege, sodass ich immer wieder nur darüber staunen kann. Ich glaube, es ist der Anblick der Seele, der sich mir enthüllt. Es ist unglaublich und in Worten kaum zu beschreiben, wie energiereich, flammend schön und voller Liebe dieser Mensch vor mir ist.

Doch in diesem ganzen strahlenden Seelenlicht sehe und erspüre ich auch die dunklen Energien, die den Körper umgeben oder in ihm sind. Diese dunklen Energien kann ich greifen und auflösen, um den Menschen dann wieder zurück in sein Zuhause aus wunderbaren Farben und Harmonien, ergo in den Gleichklang der Seele, zu bringen.

Klingt fantastisch, was meinen Sie? Die dunklen Energien lösen sich mit einer Reinigung und die Seelenenergie bleibt dauerhaft in Harmonie. Das wäre traumhaft schön, ist jedoch Science-Fiction.

Tatsache ist: Wenn der Mensch in seiner Seelenhaut, wie z.B. bei einer Reikibehandlung neu erstrahlt, sich aber dann in eine niedrige Raumenergie begibt, wird sie sich über kurz oder lang wieder über ihn stülpen. Energie ist nun einmal ununterbrochen veränderbar. Deshalb ist es für jedermann wichtig, sich öfter selbst zu reinigen, um seine Seelenenergie zu erhöhen. Das können Sie auf den Seiten 48 bis 56 lesen.

Bevor ich Reiki kennengelernt habe, hatte ich aufgrund meiner Sensibilität oft unter den Auswirkungen von negativen Raumenergien zu leiden. Damals fehlte mir das Wissen, um meine eigene Energie zu erhöhen. Zudem wusste ich nicht, wie ich das hätte machen können, da ich tatsächlich nicht den Zugriff zu meiner inneren natürlichen Macht hatte, um eine Veränderung herbeizuführen. So irrte ich durch viele negative Räume, die mich wieder und wieder prägten. Oft startete ich den Tag energiegeladen und voller Freude und stellte kurz darauf, wenn ich einen fremden Raum betrat, fest, wie meine Energie von mir abfloss. Ich war nur mehr ein Schatten meiner selbst und bekam es mit der Angst zu tun. Außerdem ließ ich mich immer wieder von Menschen, die eine verborgene aggressive Energie hatten, zu Streitereien anstacheln. Das nervte mich dermaßen, dass ich nach Möglichkeiten suchte, meine stabile Energie, mit der ich morgens erwachte, zu behalten. Wie ein Schwamm, dessen Dasein darin besteht, Wasser aufzusaugen, war ich vollgesaugt mit negativer Energie. Natürlich wissen wir alle vom Resonanzgesetz, dass wir nur Dinge aufnehmen, die uns im Innersten betreffen und die aufgelöst werden wollen.

Als mein Weg mit Reiki begann und ich die erste Raum- und Seelenerhöhungsarbeit machte, atmete ich das erste Mal in meinem Leben wirklich befreit auf, denn dieses dunkle Kapitel hatte sich nun ein für alle Mal erledigt. Deshalb empfand ich die Arbeit mit einer erhöhten Raum- und Seelenenergie als eine erste große Veränderung, die auch tatsächlich spürbar war. Auch wenn mein Weg auf anderen Gebieten mich noch in Neuland bringen würde, so konnte ich nun mit den Raumenergien jeder Art umgehen, sie transformieren und reine Energie hineinfließen lassen. Ganz deutlich spürte ich danach, wie meine Seelenenergie auf eine Ebene angehoben war, wo ich frei und bestimmt agieren konnte. Erleichtert stellte ich fest, dass gewisse Probleme mich entweder nur noch kurz streiften oder gar verblassten, weil die Urthemen dahinter gelöst waren. Das stellte sich allerdings erst ein, seit ich mich konstant in dieser hohen Schwingung befinde. Nun werden Lösungen sichtbar, wo ich vorher im Dunkeln tappte, und so weiß ich heute auf eine ganz sichere Art, was ich zu tun habe.

Nun, ich möchte keineswegs die Welt mit Reiki bekehren oder missionarisch auftreten, allerdings glaube ich daran, dass Reiki einen Einzug in unsere Welt erhalten wird, genau wie Yoga bereits anerkannt ist. Reiki würde für viele der Einstieg in das Reich der Energien bedeuten und dann beginnt vielfach das große Abenteuer der Spiritualität.

Allerdings ist mir auch bekannt, dass es unter den sogenannten »Reikianern« solche gibt, die durch die Einweihungen, die man bei Reiki erhält, negative Erfahrungen gemacht haben. Leider sind die Spiele mit Energie nicht immer nur von ungefährlicher Natur, denn nicht jeder Mensch ist positiv gesinnt. Dennoch heißt das nicht, dass man deshalb alles verteufeln muss. Da scheiden sich die Geister.

Oft schimpfen selbsternannte Gurus gegen Reikileute und unterstellen ihnen, in welch schlechten Energiemustern diese stecken würden. Wenn ich mir hingegen die Energie des Predigers ansehe, dann überkommt mich das kalte Grauen. Und jene dürfen wir auch nicht vergessen zu erwähnen, die sowieso in allem den Teufel sehen, und gemäß ihrem Denken und den Überzeugungen trifft dies dann leider auch genauso ein.

Wenn Menschen derart über andere herziehen und noch glauben, gerade sie hätten das einzig Richtige gefunden und wären in der besten Energie, dann halte ich das keineswegs für eine positive Energie.

Für alle jenen, die mit Reiki negative Dinge erlebt haben, sei gesagt, diese Energie gehört dringend bereinigt. Denn das Negative hat hier absolut und bestimmt nichts zu suchen.

Grundsätzlich möchte ich betonen, dass mich meine positiven Erlebnisse mit Reiki auf meinem Entwicklungsweg sehr weitergebracht haben. Das Gleiche höre ich auch unentwegt von Menschen, die fried- und freudvoll ihre Arbeit mit Reiki verrichten und deren äußerstes Bestreben es ist, die Welt ein Stück besser zu verlassen, als sie sie vorgefunden haben. Aber es liegt mir fern, einfach zu behaupten, Reiki wäre für jeden Menschen das richtige Werkzeug im Leben. Derjenige, den es anspricht, wird darauf reagieren, ein anderer eben nicht.

Was wir hier nur kurz streifen, ist die Raumenergie, die rein auf die Gesundheit wirkt. Dazu gehören die ausgebildeten Rutengeher, Pendler, Geomantiker und andere. Ihre Aufgabe ist es, Störfaktoren wie Wasseradern etc. zu entstören. Das ist ein großer Themenkomplex, doch hier in unserem Buch wollen wir uns hauptsächlich mit energetischer Raumenergie befassen. Denn oft reicht ein Rutengänger nicht aus, was ich aus meiner Arbeit mit den Menschen weiß. Manche erzählen mir, dass sie schon mehrmals einen Rutengeher kommen ließen, wobei jeder ein anderes Ergebnis hervorbrachte. Doch nach wie vor gingen gewisse Beschwerden nicht weg. Was diese Menschen nicht wussten, ist, das es sich dabei nicht um schlechte Arbeiten von den Rutengehern handelt, ganz im Gegenteil. Wahrscheinlicher ist, dass eine negative Raumenergie geblieben ist. Hier sei angeführt, ich möchte keinesfalls Rutengeher und dergleichen irgendwie diskriminieren. Ich habe große Achtung vor ihren Kenntnissen und verneige mich vor ihren Fähigkeiten.

Allerdings handelt dieses Buch von den energetischen Blockaden, die wir nicht in einer Wasserader, der Erdstrahlung oder im Elektrosmog zu fassen bekommen. Es sind Blockaden, die sich schon vor unserer Zeit in den Räumen festgesetzt haben, solche die der Vormieter oder Vorbesitzer prägend hinterlassen hat. Obwohl unwissend, lebt man dann in einer Streit- oder Wutenergie. Vor allem kann man seine Wünsche nicht verwirklichen, weil immer ein Problem auftaucht oder ein Streit ausbricht, der gelöscht werden muss. Weil einfach irgendetwas nicht Greifbares in der Luft schwebt und uns an unserem Lebensweg hindert. Darum geht es hier vor allem.

Auch sei hier kurz angeführt, dass ich großen Respekt vor den Feng-Shui-Beratern habe, die sehr viel Energiearbeit leisten, indem sie die Räume in Harmonie zu ihren Bewohnern bringen. Doch nicht wenige Feng-Shui-Berater empfehlen auch eine energetische Raumreinigung.

Mit Reiki ist es natürlich einfach die Raumenergie zu erhöhen, aber es ist nicht zwingend. Raumenergie kann man mit vielen Mitteln erhöhen. Wichtig ist nur, dass man sich auch tatsächlich dafür entscheidet und es umsetzt. In diesem Buch werden wir einige Wege zur Erhöhung der Raumenergie kennenlernen.

Mit der Erhöhung der Raum- und Seelenenergie beginnt unsere eigene Energie höher zu schwingen. Das kann viel bewirken, ob wir daran glauben oder nicht. Dazu finden Sie im Buch einige Fallbeispiele, wie z.B. sich die Energie bei Scheidungshäusern verändert, oder wie ein Geschäft, das die Energie eines Konkurses an sich angeheftet hat, in ein erfolgreiches Unternehmen geführt werden kann. Diese Beispiele verdeutlichen auch klar die Symptome, derer man sich oft gar nicht bewusst ist, weil die Auswirkungen anderen Veränderungen zugeschrieben werden.

Der Alltag ist meist überfüllt mit Handlungen, sodass wir oft vergessen, innezuhalten und sich ständig wiederkehrende Probleme einmal vorzunehmen. Wir verdrängen die Tatsachen so oft und so lange, bis wir uns einem massiven Riesenproblem gegenübersehen. Wenn wir keinen Spielraum mehr haben, die Gesundheit uns zu Boden wirft oder ein plötzlicher finanzieller Einbruch uns zum Handeln zwingt, erst dann sind wir gezwungen auf unsere Seele zu hören. Und genau dort werden wir auch an die Unsicherheiten erinnert, die uns schon seit Anbeginn einer geschäftlichen oder privaten Verbindung begleiten haben. Wir haben es schon immer gewusst, dass hier einiges nicht stimmt, wollten es aber nicht wahrhaben. Doch nun gilt es, diesen Gefühlen, die uns unterschwellig begleiten – wenn wir in einem Haus wohnen, und ständig passieren unerklärliche Dinge –, auf den Grund zu gehen. Hier beginnt die Wahrnehmung der Energien. Und damit haben wir das machtvolle Wissen in der Hand, uns aus einer negativen Situation in eine hohe feinstoffliche Schwingung, in die höhere Raum- und Seelenenergie, zu bewegen.

Das Arbeiten mit der Raum- und Seelenenergie

Energie, die uns umgibt

Der Energie, von der wir umgeben sind, messen wir trotz aufgeklärtem Zeitalter keine oder nur eine unwesentliche Bedeutung bei. Man klagt zwar über Müdigkeit, Mattigkeit und Energielosigkeit und führt das alles auf den täglichen Stress, die Überlastung und vor allem auf das anstrengende Leben zurück. Doch warum ist dieses Leben denn so anstrengend? Warum empfinden wir es so?

Tatsächlich schleppt sich ein Großteil der Menschen nur durch das Leben und ist froh, wieder einen Tag hinter sich gebracht zu haben. Man jammert über alles und jedes, den falschen Job, in dem man ohnehin zu wenig verdient, die verkorkste Familie, wenn es Familie noch gibt, die Dominanz in der Partnerschaft, das Abhängigkeitsverhältnis, welches wenig mit gleichwertiger Liebe zu tun hat. Dazu gibt es sämtliche Streiteren, die man eigentlich überhaupt nicht haben möchte. Andrerseits finden sich Ausnahmeerscheinungen, die sich darauf etwas einbilden und stolz sind, weil sie sich nicht streiten, doch diese haben sich gleich gar nichts mehr zu sagen. Die eigenen Gefühle werden totgeschwiegen, weil die Angst zu groß ist, zu entgleisen und es danach nichts mehr einzurenken gibt. So lebt man in geistiger Armut dahin.

Oder alles andere ist schuld. Das Wetter passt einfach nie. Der Partner oder das Kind sollten sich eigentlich ein bisschen netter verhalten. Der Chef trägt die Hauptschuld, der natürlich sowieso.

Sollte das, das uns geschenkte Leben auf diesem Planeten sein? Nein – und noch einmal nein. Das ist es sicher nicht!

Ja, es können Probleme auftreten, aber wir sind nun einmal hier, um größer als unsere Probleme zu werden. Allem voran müssen wir uns damit abfinden, wie hart es auch klingen mag, dass wir andere Menschen nicht verändern können. Alle, die das schon bis zur Erschöpfung versucht haben, mussten im Nachhinein einsehen, dass da nichts zu machen ist. Wir können es schaffen, unsere Probleme selbst zu lösen, indem wir uns nach der Resonanz zu dem Problem befragen. Wo stehen wir bei diesem Problem? Wieso kommt es immer bei gerade diesem Thema zu einem Streit? Warum befällt uns immer wieder die gleiche Angst, der gleiche Ärger? Dann kommen wir den dahinterliegenden Themen schon sehr, sehr nahe.

Es ist unsere Aufgabe, die Schöpfer der Lösungen zu werden. Und dem Schöpferprozess gemeinsam ein ganz großes Stück entgegenzugehen, bis es unser ganz natürlicher Zustand ist, darin aufzugehen.

Wie wirkt Energie in unserem Leben?

Wenn wir uns mit Energie beschäftigen, haben wir nichts Greifbares in der Hand. Wonach sollen wir greifen? Nach etwas, das gar nicht wirklich sichtbar ist, das für viele auch nicht beweisbar ist. So wird die Energie sehr gerne ins Reich der Fantasie und Spinnerei abgestellt. Dort soll sie unter den Verrückten ihresgleichen verbleiben.

Dagegen beschäftigt sich die ganze Welt mit der Liebe. Wer sie hat – und auch jeder, der sie so gerne in seinem Leben hätte. Wie viele Tränen fließen aufgrund von nicht vorhandener oder zerstörter Liebe. Die Liebe, so scheint es, gilt als der absolute Schlüssel zum Glück. Dabei zählt gar nicht immer die Liebe zwischen zwei Partnern. Ebenso gibt es die Liebe von Mutter zu Kind und viele andere Arten von Liebe. Doch ist irgendeine Form von Liebe greifbar? Kann man sie anfassen, sie beweisen?

Andrerseits befindet sich viel Elend auf der Welt, weil so viele Menschen nicht an die Liebe glauben können oder Angst haben sie zu verlieren. Doch nicht einmal die Angst ist greifbar. Wir glauben es nur. Doch tatsächlich lässt sich die Liebe genauso wenig wie Energie anfassen, einpacken oder wegtragen. Und doch sind Tausende Bücher über die Liebe geschrieben worden. Unzählige Filme drehen sich rein um dieses Thema. Es lässt sich also mit etwas, dass man gar nicht fassen kann, Millionen verdienen. Spricht man mit jemandem, der gerade Vater oder Mutter geworden ist, bekommt man die schönsten Liebeserklärungen an das Kind zu hören. Obwohl es gerade erst auf der Welt ist, noch nichts getan hat, außer zu sein, wird es von seinen Eltern unendlich geliebt. Und die Eltern würden diese Liebe beschwören.

Das Gleiche gilt für ein Brautpaar. Viele Menschen – jeder Kultur – würden nicht heiraten, wenn sie nicht an die Liebe glaubten. Sie ist Lebensinhalt, der Kraftpunkt, an dem ein junges Brautpaar sich festhält. Dadurch hat das Leben plötzlich viel mehr Sinn als zuvor. Man ist zu Dingen fähig, die man sich allein nicht getraut hätte. Man weiß, wofür man Geld verdient, man hat Ziele, Träume, die umgesetzt werden, man weiß sogar, wofür man lebt.

Das alles macht die Liebe. Obwohl man sie nie zu fassen kriegt, weiß man, dass es sie gibt. Doch wenn die Liebe verblasst – welch eine Tragödie, wenn all die Leidenschaft, mit der man den Sinn des Lebens ergründete, entschwindet und man plötzlich vor dem Scherbenhaufen der Liebe steht! Obwohl man auch diesen

Scherbenhaufen nicht anfassen kann, denn es handelt sich um Gefühle. Ist es nicht tragisch, dass alle Liebestränen, das gebrochene Herz auf etwas beruhen, das man nicht greifen kann, und doch beschwören es Betroffene, dass es so ist. Spricht man selber mit einem unglücklich Verliebten oder einer in Trennung steckenden Person, so erkennt man welch furchtbare Auswirkungen ein Liebesverlust auf die Psyche, den Körper und sogar auf das Umfeld hat.

Genau wie bei Energie handelt es sich dabei um nicht greifbare Elemente, wenn wir von Liebe oder Hass, von Gier und Verlust, Freude oder Trauer reden. Wir werden diese Dinge niemals zu fassen bekommen und doch bestimmen sie unser Leben. Manchmal sind die Auswirkungen so immens, dass sie einen Menschen prägen und er aufgrund dessen seine neuen Lebenswege wählt.

Jeder Mensch trägt bestimmte Energieformen in und mit sich herum. Gewissen Menschen sieht man es schon von Weitem an, wenn sie von Trauer gezeichnet, von Schmerz gequält oder gerade Hals über Kopf verliebt sind. Mit dem Verstand werden diese Energien nie ganz verstanden, da sie von dem Einzelnen unterschiedlich wahrgenommen werden. Deshalb fällt es uns leichter sie in positive und negative Energien zu unterteilen. Man fühlt sich in der Gegenwart von einem Menschen sehr wohl, wenn er vertrauensvoll, fröhlich, voller Ideen ist.

26

Oder man merkt, wie man allein durch die Gegenwart, die Gespräche mit jemandem selbst grüblerisch, nachdenklich, sogar pessimistisch oder traurig wird. In diesen Fällen kommen wir mit der Energie des anderen in berührenden Kontakt. Wir nehmen diese Energie auf, wenn unsere eigene nicht ausreichend stabil genug ist bzw. ein geschlossenes Feld um uns herum aufweist.

Also, wenn wir konkret darüber nachdenken, können wir keine Energieform greifen, sei es Raumenergie, Schmerz, Trauer oder Liebe, aber alles mehr oder weniger intensiv fühlen.

Wie lange bleibt Energie erhalten?

In Räumen, die von Menschen bewohnt waren, in denen gearbeitet und gewerkt wurde, bleibt ein unweigerliches Energiemuster bestehen. Dies kann über viele, viele Jahre, sogar Jahrhunderte so bleiben. Nehmen wir zum Beispiel einen konkreten Fall, wo in einem Haus jemand ermordet wurde. Diese Energie bleibt so lange, bis sie transformiert wird. Man kann Energie nicht wirklich auflösen, obwohl immer von Auflösungen gesprochen wird. Damit meint man das Umwandeln von einer niedrigeren in eine höhere Energie. Denn Energie lässt sich nicht auslöschen und dann durch das Einsetzen einer höheren Schwingung anheben. In Wahrheit ist es ein Anstieg von einer niedrigen in eine höhere Schwingungs- oder

Energieresonanz. Man spricht auch gerne von Auflösungen, weil man damit die Auflösung der niedrigen Energie meint, die der höheren einfach weichen muss.

Bereits in vergangenen Jahrhunderten hat es Menschen gegeben, die aufgrund ihrer Gebete oder Intentionen dazu in der Lage waren, solche Energien aufzulösen, also zu transformieren. Das solche Menschen nicht gerne gesehen wurden, zeigte ein gesamtes Zeitalter der Hexenverbrennungen. Hell- und Feinfühlige wurden verfolgt und sogar ermordet. Zwar sind die vergangenen Jahrhunderte mit den grausamen Taten vorbei, aber Hell- und Feinfühlende haben es auch heute oft nicht leicht.

Denn alles in allem ist viel an dunkler und dichter Energie auf dieser Erde. Verborgen in den Häusern, in den Kellern, auf den Dachböden, wo sich bislang noch niemand darum gekümmert hat. Wir dürfen nicht vergessen, dass wir, auch wenn wir uns nicht um diese Energien kümmern, dennoch ihrem großen Einfluss auf uns ausgesetzt sind. Je nach Art und Weise der Energie, kann eine dunkle Energie unser Leben beträchtlich negativ beeinflussen. Dabei spielt es nicht die geringste Rolle, ob wir daran glauben oder nicht.

Es gibt Tausende von Fällen, wo die Liebe plötzlich himmelhoch jauchzend ins Leben Einzug hält und ebenso plötzlich, oft über Nacht, ist sie wieder weg. Die Liebe, so unsichtbar sie auch sein mag, lässt Menschen aus Freude die unverständlichsten Dinge tun, aber sollte sie drohen sich zu verabschieden, passieren ebensolche unerklärlichen Sachen, die oft sogar bis zu Mord und Totschlag führen.

Diese bleiben zwar Gott sei Dank die Ausnahmen, wenn es sich um Qualen einer abhandengekommenen Liebe handelt. Aber wir alle kennen das Gefühl von der Frische des Verliebtseins wahrscheinlich genauso wie das Verblassen derselben. Und auch die Unterschiede können wir bemerken. Wir schweben wie auf Wolken, wenn wir uns in der Sicherheit der Liebe wissen, und stürzen bereits ab, wenn uns auch nur der schleichende Verdacht der Trennung befällt. In der Liebe nehmen wir die unterschiedliche Wirkung zwischen rosarot und dunkelgrau bis schwarz sehr deutlich auf uns wahr. Damit befinden wir uns mitten im Spiel der Energien.

Interessant wird das Leben erst, wenn wir lernen dahinterzuschauen. Wenn uns die Zusammenhänge in ihrer tiefen Natur bewusst werden. Dann verstehen wir, mit welcher Energie wir uns umgeben und welche wir selbst ausstrahlen.

Dann hat das Leben nichts mehr mit Glauben und Hoffen zu tun, dann wird es bewusst gelebt. Plötzlich sind wir Herr und nicht Sklave der Umstände, denn wir können unsere Energie und damit unsere Ausstrahlung verändern. Und genau an dieser Stelle befinden wir uns hier.

Veränderte Energie bringt sichtbare Veränderungen

Etwas was wir alle schon einmal erlebt haben, ist: Man betritt ein altes Haus – auch wenn man nur zu Besuch ist – und die Atmosphäre scheint einen fast zu erdrücken. Man hat irgendwelche Assoziationen mit uralten schwarz-weißen Horrorfilmen und möchte nur noch weg. Oder man geht einen dunklen Gang entlang und wird urplötzlich von Angst überfallen. Und diese kriecht an einem hoch und will nicht weichen. Plötzlich tauchen alle möglichen Bilder von Kriminalität auf, an die man normalerweise gar nicht denkt. Flucht- und Panikattacken lassen das Herz schneller schlagen und man möchte auf der Stelle umkehren. Ich kann Sie beruhigen. Machen Sie sich keine Sorgen wegen übertriebener Ängstlichkeit oder einem paranoischen Grundnaturell, das ist einfach eine Raumenergie, in die man da eintritt.

Zu den dunklen Energien, die uns unbewusst, aber dennoch wirkungsvoll in Schrecken versetzen, finden sich auch Energien, die uns (un)bewusst manipulativ steuern. Wir alle kennen die magnetische Wirkung der Einkaufstempel. Zielstrebig folgen wir den uns bekannten großen Markenhäusern. Unverhofft werden wir vom Glücksgefühl erfasst und unterliegen dem Einkaufsrausch. Ob es die teuren Läden oder die Billigwühltische sind, wir haben uns nicht mehr im Griff. Kaufen, haben wollen und vor allem müssen, hämmert es uns durch die Puls-adern. Und wir kaufen, weil wir nicht anders können. Zu Hause wissen wir tatsächlich nicht, warum wir dem Impuls zu kaufen gehorchten. Die absolute Begierde ist nicht mehr nachvollziehbar und kommt uns nur wie ein blasser Abglanz eines Shoppinganfalls vor.

Ebenso kennen wir Geschäfte, die man betritt, und, obwohl man etwas braucht, gehen wir unverrichteter Din-ge wieder. Man hat einfach nicht das Passende gefun-den, obwohl es vorhanden war, denn die entsprechen-de Energie hat hier gefehlt. Dies betrifft unglaublich vie-le Unternehmer, die glauben, keine Zeit auf die passen-de Raumenergie verwenden zu müssen, oder nicht wis-sen, wie wichtig eine einladende kraftvolle Energie ist. Wenn man sich die Mühe eines Geschäfts macht, sollte man unbedingt die Energie auf die Kunden abstimmen. Denn ansonsten könnte es passieren, dass nicht nur die Kaufkraft fehlt, sondern das Geschäft zum Ausstellungs-raum wird. Die Kunden schauen, aber kaufen nicht. Die Raumenergie eines Geschäftes darf nicht stillstehen, sie muss eine kraftvoll pulsierende sein.

Raumenergie betrifft natürlich auch unsere privaten Räu-me. Wie sehr uns die fördern oder schaden kann, wis-sen nur die wenigsten Menschen. Viele, viele Krankhei-ten resultieren aus sehr niedriger Raumenergie. Wir sind heute unglaublich vielen Stressfaktoren ausgesetzt, die wir alle den ganzen Tag über zu meistern haben. Luftverschmutzung, Elektrosmog oder mangelhafte Ernährung sind nur einige der Dinge, mit denen wir uns auseinandersetzen müssen.

Die Menschen in unserer Gesellschaft träumen von einem langen Leben, dass vorige Generationen vor uns noch nicht hatten, doch steht das auch im Einklang mit einem gesunden Leben? Können wir uns an einem gesunden Körper erfreuen oder besteht unser Leben aus einer Reihe von Schmerzen, Unwohlsein und Krankheit? Unseren Geist können wir nur in einem gesunden Körper entwickeln, denn wenn wir mit Krankheit beschäftigt sind, hängen wir leider an der untersten Ebene der Energieschicht. Und dort ziehen wir noch weitere solcher Leiden in unser Leben. Deshalb kommt es unglaublich oft vor, dass ein Mensch, schwer von Krankheit gebeutelt, auch noch finanzielle Schwierigkeiten bekommt – und obendrein in der Partnerschaft. Auf dieser Ebene befinden sich alle möglichen Arten von Schwierigkeiten, über die wir aber hinauswachsen können. Dazu haben wir das Potenzial, auch wenn es uns weder bewusst noch offenkundig sichtbar ist.

Sie können jede Art von Übersinnlichen (Mensch, Geistwesen, Engel etc.) in Ihre Wohnung einladen, dass er Ihre Raumenergie klärt, doch am besten wäre es, es selbst zu tun.

Wenn Sie sich nicht sicher sind oder es erst lernen wollen, ist es mit Sicherheit ratsamer, jemand Erfahrenen zu bitten, sich grundlegend des Problems anzunehmen, zumal wenn Sie sich mitten im Problem befinden und überhaupt nicht weiterwissen. Dass kann vielleicht bei einer ewig andauernden Krise sein, die sich absolut nicht ändert. Dann wäre es tatsächlich sinnvoll, die Raum- und Seelenenergie klären zu lassen und sich der höheren Energie hinzugeben.

Fairerweise muss man dazu anführen, dass es wahrscheinlich bei lange bestehenden Problemen nicht damit getan ist, eine einmalige Reinigung durchzuführen. Dies wird vielleicht ein paar Mal notwendig sein, bis die höhere Energie sich »fixiert« hat. In der Regel geschieht das innerhalb einiger Tage, kann jedoch auch ein paar Wochen dauern. Wenn ich eine Reinigung durchführe, dann wiederhole ich diese im Abstand von drei Wochen drei Mal. Damit ist die Fixierung beschleunigt, und die neue Energie bleibt. In der Zwischenzeit führt dies zu Veränderungen. Denn wenn Energie sich verändert, verändert sich das gesamte Umfeld. Daran kommen wir nicht vorbei. Folgende Geschichte verdeutlicht das:

Fallbeispiel:

In einer Reihenhaussiedlung am Stadtrand lebte Sarah mit ihrem Mann und ihrer kleinen Tochter. Sarah wollte eine Veränderung in ihrem Leben. Die Eheprobleme mit ihrem Mann, zusammen mit dem ganzen Streit, den ständigen Ausreden und sexueller Lustlosigkeit, konnte sie aus eigener Kraft nicht mehr lösen. Sie glaubte fest daran, dass ihre Beziehung am Alltagstrott erlahmt sei. Das besprach sie mit mir, ihrer Freundin, da sie mich hin und wieder um Rat fragte. Dadurch dass ich Reiki- und artverwandte Ausbildungen habe, gab ich ihr den Ratschlag, eine Hausreinigung durchführen zu lassen. Sarah ließ sich aus mangelnder Gegenwehr dazu überreden, denn sie wollte nur eins, raus aus dem Chaos. Reinigung klang für sie nach Klarheit, die sie gut gebrauchen konnte.

Noch vor Beginn der Arbeiten, bekam Sarah von mir die Sonnen- und Wassermeditation empfohlen, mit der sie ihre eigene Seelenenergie erhöhen konnte.

Schließlich kam ich vorbei, durchschritt die Räume von Sarah und »reinigte« das gesamte Haus mit anschließendem Garten. Sarah fühlte sich danach in ihren eigenen Räumen wie fremd. Doch nach einer Weile – in dem Fall extrem lange – legte sich das fremdartige Gefühl und Sarah hatte sich in die neue frische Energie eingelebt. Sie konzentrierte sich wieder voll auf den Alltag.

Nun, so meinte sie, würden auch die Meinungsverschiedenheiten mit ihrem Mann der Vergangenheit angehören. Denn ihre Freundin hatte ihr ja einen neuen höheren Energiestand prophezeit, in dem sich sicher Veränderungen abspielen würden. So freute sich Sarah erst einmal darüber, dass die Zwistigkeiten mit ihrem Mann ein Ende genommen hatten und, wie sie fand, eine bessere Harmonie zwischen ihnen herrschte.

Als ich zwischendurch einmal auf einen Kaffee vorbeischaute und von Sarah über ihre neue Harmonie in ihrer Ehe informiert wurde, erschauerte ich plötzlich, als ich Sarahs Mann in die Augen sah. Irgendetwas stimmte da ganz und gar nicht. Da ich mir nicht sicher war, wodurch es ausgelöst wurde, ging ich noch einmal ans Reinigen und Harmonisieren. Zu Sarah verlor ich kein Wort über dieses unerklärliche, schaurige Gefühl, und selber vergaß ich es sehr schnell.

Kurze Zeit später, völlig überraschend, zog Sarahs Mann aus dem gemeinsamen Haus aus und zu seiner Freundin, die er schon längere Zeit hatte, wovon Sarah aber nichts wusste. Für sie brach eine Welt zusammen und sie gab mir, ihrer besten Freundin, die Schuld, dass es nur wegen der Hausreinigung passiert sei. Doch ich ließ mich nicht beirren.

Natürlich gebe ich zu, die ganze Situation war nicht angenehm; nur ich hatte Sarah auf eine Veränderung vorbereitet. Dass diese, auf den ersten Blick gesehen, dermaßen negativ ausgefallen war, damit hatte niemand gerechnet. Doch die Lügengeschichten von Sarahs Mann konnten der neuen Energie nicht länger standhalten und nun war die Wahrheit hervorgetreten.

Für niemanden auf der Welt ist eine solche Trennung leicht, doch tatsächlich tritt sie hin und wieder ein, wenn anders keine harmonische Einheit zu erreichen ist. Menschen arbeiten mit Energie, denken positivere Gedanken und plötzlich bricht das alte Leben weg. Oftmals möchte man das auf gar keinen Fall, man wehrt sich gegen die Veränderung, man möchte, dass alles so bleibt, wie es ist, und doch kann man nicht mehr zurück. Nun, diesen Prozess nennt man Leben. Das Leben bedeutet Veränderung, neue Perspektiven einnehmen und vor allem mutig auf das Neue zugehen. Und allzu oft scheint im ersten Moment alles wegzubrechen, nichts mehr zu bleiben, und wir sehen uns vielleicht eine Weile lang nur mit unserer Trauer und Einsamkeit konfrontiert. Doch allemal besser ist es, dem ins Auge zu sehen, als den Schmerz unter der Oberfläche zu verstecken. Wir leben nun einmal in einer Zeit, in der alle ungeliebten und ungewollten Anteile von uns sehr wohl angenommen werden wollen.

In Sarahs Fall hat es, wie gesagt, auf den ersten Blick so ausgesehen, als ob die Energieerhöhung der Räume ihr ganzes Leben umgekrempelt hätte, sodass sie nun jedem weiteren Menschen raten würde, die Finger von solchen Sachen zu lassen. Doch erstaunlicherweise tat sie es nicht. Denn ihr war bewusst, dass sie klar und deutlich eine Veränderung wollte, die die Probleme mit ihrem Mann lösten. Diese Veränderung trat auch ein, aber anders, als alle Beteiligten es sich gedacht hatten. Sarahs Leben wurde auf eine neue Ebene gehoben, die sie sich damals, als ihr Mann auszog, nicht einmal zu erträumen wagte. Danach fing sie an sich mit neuen Dingen zu beschäftigen, die sie mehr und mehr positiv stimmten und in ihre Mitte brachten. Das gab ihr Zeit, diese Ehe mit den unangenehmen Seiten zu verarbeiten.

Ein paar Jahre später lernte Sarah einen seelenverwandten Partner kennen und mit ihm erlebt sie eine Beziehungsebene, die mit ihrem damaligen Mann niemals möglich gewesen wäre. Er war genau so, wie man auf dieser Ebene nur sein kann.

Eine der größten Ängste der Menschen ist die Angst vor Veränderungen. Es ist die gleiche, die Menschen an ihren Erfolgen hindert. So scheitert der Erfolg im Geschäftsleben sowie auf der Beziehungsebene, weil man sich nicht durchringen kann, seine Gewohnheiten und seine Gedanken zu ändern. Es gibt mittlerweile so viele, die woandershin wollen und es einfach nicht schaffen, da sie von ihrer eigenen Angst blockiert sind. Die Angst, als Verlierer dazustehen, ist eine der größten, die den Menschen in unserer Zeit begleitet. Sie ist es auch, die uns davon abhält, das Unternehmen zu gründen, das wir immer wollten. Oder die Traumfrau anzusprechen, von der man schon ewig träumt. Doch die Angst, eine Absage einzustecken, lässt uns davor zurückschrecken. Wir sind derart verletzt in unserer Seele, dass wir es nicht schaffen, nur noch eine einzige weitere Verletzung zu ertragen. Und das macht uns in einem der reichsten Länder der Erde zu armen Gefangenen unserer eigenen Emotionen. So bleiben wirklich gute Ideen unentwickelt, Unternehmen werden nicht gegründet, und von der Traumbeziehung wird nur geträumt. Hinter alldem liegen unergründliche Ängste vor Veränderungen. Um Veränderungen auf dem schnellsten Weg herbeizuführen, steht die Energieveränderung an erster Stelle. Doch gerade davor schrecken die Menschen am meisten zurück.

Nein, dann ist es doch besser, es bleibt alles beim Alten. Finger weg von energetischer Arbeit! Da wissen wir schon gar nicht, wohin wir kommen.

Nun, man kann es niemandem verübeln, dass er Angst hat. Deshalb, und das kann man fast als Ironie betrachten, kommen die Menschen oft nur mit solch spirituellem Gedankengut in Verbindung, wenn ihnen das Leben alles genommen hat. Den Job, den Mann oder die Frau. Obwohl man den Job über alles gehasst hat und schon immer von der Selbstständigkeit geträumt hat, scheint es, dass das Leben tatsächlich eingegriffen und kurz einmal für einen Zusammenbruch des Glaubenssystems gesorgt hat. Obwohl die Beziehung nie wirklich das war, was man sich heimlich erträumt hat; wenn es dann tatsächlich zur Trennung kommt, dann findet man das meistens als ungemein ungerecht. Aber tatsächlich hat das Leben selbst Hand angelegt und kurzerhand Klarheit geschaffen, was in diesen Momenten nicht verstanden wird. Die Menschen stöhnen und beklagen ihr Schicksal. Oft folgt ein schwieriges Auseinandersetzen mit dem Unausweichlichen. Aber fest steht, das Leben meint es gut mit uns. Aus jeder Krise ergeben sich großartige Heilungschancen.

Sobald man mit Energiearbeit in Richtung einer höheren Schwingung beginnt, spielen sich Veränderungen mit uns ab. Deshalb sollte man auch einigermaßen vorsichtig mit diesen Dingen umgehen. Es ist nun mal nicht alles Gold, was glänzt. Man kann sich nicht jedem Heiler oder Guru an den Hals werfen und ihm all seine Probleme übergeben. Das wird in dieser Art nicht möglich sein. Sich an jemanden zu wenden, der seriös ist, ist das Wichtigste überhaupt. Man erlebt immer wieder, dass es sich oft nur um Abzocke handelt. Das ist sehr, sehr traurig, aber wahr. Das Leid und die Ohnmacht von Menschen, die dringend Hilfe benötigen, werden hier schonungslos ausgenutzt. Wie es um solche Abzocker karmisch bestellt ist, damit mögen wir uns hier gar nicht befassen. Aber es ist nun einmal eine Tatsache, dass man schon ein Gefühl für die Seriosität entwickeln sollte. Es ist ebenfalls naiv, zu glauben, nur mit Geld könne einem über alle Maßen geholfen werden. Energetische Hilfen sind oft der Anstoß in eine neue Richtung, die man weiterverfolgen soll.

Die beste Methode ist nach wie vor, sich selbst zu helfen. Die Macht zu ergreifen und sich sein eigenes hohes Energiefeld zu schaffen, in dem man weder angreifbar ist noch heruntergezogen werden kann.

Die Erhöhung der Eigenenergie oder Seelenenergie ist fast ein Muss, wenn es sich um die Energieerhöhung in den Räumen handelt. Man kann nicht auf die Räume losstürzen und die Menschen, die dort leben, völlig vergessen. Hier muss alles harmonisiert werden, vor allem, damit es zusammenpasst. Die Energien von Menschen, aber auch Tieren und Räumen erstrahlen dann in einer lichtvoll hohen Schwingung.

Machen Sie sich bewusst, zur Veränderung gehört Mut, Mut zum Leben und Mut Ja zu sagen, zu vertrauen und im Fluss zu sein.

Wenn Sie sich folgende Zeilen öfter, vielleicht täglich, durchlesen und fühlen, werden Sie veränderungsbereiter durchs Leben gehen.

Mut zur Veränderung

Ich stelle mich den Veränderungen,
allen, die notwendig sind.

Allen, die mich von einem wirklich
erfüllten Leben abhalten.

Ich nehme Veränderungen bewusst an,
ohne das Leben und mich zu verdammen.

Vielleicht kostet es mich Tränen,
aber es sind nur solche,
die mich zur Heilung führen.

Ich bin bereit für Veränderungen
und fühle mich stets begleitet
von meinen himmlischen Helfern,
die nur das Beste für mich wollen.

Warum sollte Seelenenergie erhöht werden?

Eine verminderte Raum- und Seelenenergie der Menschen sind nicht die einzigen Blockierungen für den guten Fluss. Dazu finden sich sämtliche Arten von Besetzungen. Diese können ausschlaggebend sein und eine gravierende energetische Beeinträchtigung darstellen. Ebenso dunkle Energien aus verschiedenen anderen Dimensionen oder Leben, wenn wir das so nennen können, auch karmische Muster, die wir hier auslösen können.

Doch alle negativen Beeinträchtigungen zusammengenommen sind im Endeffekt unter Energiemangel zu finden. Dazu ist eines der besten Mittel, seine eigene Seelenenergie in eine hohe Schwingungsfrequenz zu bringen.

Die Klagen der spirituellen Szene sind weitreichend. »Wenn man erst einmal angefangen hat, sich dem Auflösen von Energien zu widmen, dann wird man nicht mehr fertig«, so hört man. Doch das stimmt so nicht. Irgendwo muss man ja anfangen, was soll man denn sonst tun? Seine Ängste verstecken und in die nächste Inkarnation hinüberretten? Ja, wenn das der Masterplan ist, dann bitte möglichst erfolgreich ausführen!

Wir sind in eine Zeitepoche gekommen, wo es darum geht, sich unsere mitgebrachten Seelenqualitäten anzusehen. Dazu gehören auch negative Programmierungen, denen wir meist unterliegen. Wir alle kennen das, wenn wir nicht mehr anders denken können, wie wir es gerade tun, obwohl wir wissen, dass es nicht richtig ist. Wir würden gerne anders, aber wir können gar nicht anders denken oder reagieren. Aus dieser Gefangenschaft auszubrechen, das ist Teil unserer jetzigen Aufgabe. Sich daran zu halten, wie in früheren Zeiten die Menschen durch das Leben gekommen sind, hat schon längst seinen Sinn und seine Qualität verloren.

Tatsächlich müssen wir uns mit unserem eigenen Leben auseinandersetzen, vor allem in dieser Zeitepoche, die sich Tag für Tag erhellt. Noch nie war die Zeit so reif wie gerade jetzt.

Was ist unter Seelenenergie zu verstehen?

Die Begriffe Chakren und Aura sind vielen Menschen geläufig. Viele wissen auch, wie wichtig es ist, ausbalancierte Chakren und eine stabile Aura zu haben. Eine andere Benennung für diese äußere harmonische Energieschicht ist Seelenenergie. Dass es in unserer heutigen Zeit, wo wir derartigen negativen Faktoren ausgesetzt sind –, wie wahrscheinlich noch nie eine Generation zuvor – von ungeheurer Wichtigkeit ist, eine gesunde Seelenenergie seine Eigen nennen zu dürfen, wird jeder bestätigen können, der den Weg von einer kranken in eine geheilte Energie zurücklegen durfte.

Man sehe sich nur die Menschen an, die mit leerem geistesabwesendem Blick, gebeugten Schultern und schlurfenden Schrittes durch die Städte wandeln. Wir sind eine Gesellschaft, die vergessen hat, auf ihre Seelenqualitäten zu achten. Vielmehr haben wir anderen Wichtigkeiten in unserem Leben den Vorrang gegeben. Deshalb können wir auch nicht immer das tun, was wir tun wollen oder wozu wir gerade Lust haben. Würde es im Büro nicht reichlich auffallen, wenn einem plötzlich danach ist, einen Lachanfall wie ein Kind zu bekommen? Auch essen können wir oft nicht, wenn wir wollen und unser Körper nach Nahrung ruft, nein, wir müssen uns an bestimmte Zeiten halten.

Daher besteht unser angepasstes Leben aus tiefen Einschnitten in unsere Freiheit. Wir unterliegen dem täglichen Trott, denn wir haben nun einmal andere Prioritäten gesetzt, die oft ein sehr ernstes, starres Leben fordern. Dies lässt das Licht in uns dunkler werden, teilweise fast erlöschen. Lichtarm, unserer wahren Natur beraubt, irren wir dann durch das Leben. Wie könnten wir auch einen Sinn darin sehen, wenn wir kein Licht in uns haben, das uns leuchtet. Wir sind dann der Finsternis ausgeliefert, fühlen uns verraten und enttäuscht vom Leben. Dabei sind wir immer nur einen Schritt vom Licht entfernt.

Und wehe, wenn sich wieder ein Freigeist aufmacht

und seine Freiheit kundtut. Das kann die Gesellschaft rein gar nicht verstehen. Gott sei Dank gibt es immer mehr Menschen, die aus dem System, dass uns eigentlich gefallen sollte, einfach aussteigen. Sie verlassen den ungeliebten Job und tun wahrhaftig, was die Seele verlangt. Und aus interessanten, nicht nachvollziehbaren Gründen haben diese Menschen dann auch noch den heiß begehrten Erfolg. Ein Loblied auf die Mutigen!

Eine hohe Eigenenergie oder harmonische Seelenenergie ist der Ruf unserem Innersten Nahrung zu geben. Diese besteht daraus gehört und angenommen zu werden, geachtet und respektiert zu werden, geliebt zu werden und zu leben. Wir brauchen diese harmonische Ausstrahlung der Seele in unserem Leben. Dort sind wir zu Hause, dort ruhen wir uns aus. Das ist unsere Tankstelle der Freude. Hier finden wir zu einer Geborgenheit, die wir ansonsten nur bei anderen suchen würden.

Wer es kennt, dass die eigene Seele im Glanz erstrahlt, wird freiwillig nie mehr darauf verzichten können oder wollen. Die ganze Welt wird anders wahrgenommen, viel strahlender, heller, weil man ja das eigene Licht wie eine strahlende Lichterfackel vor sich herträgt.

Wie erhöhe ich meine Seelenenergie?

Eine Erhöhung der Seelenenergie ist eine der besten Methoden, um in den Tag zu starten, auch um Stress abzubauen, aus dem Alltag auszubrechen oder um tatsächlich ein Problem zu transformieren. Ich habe selber mit den beiden folgenden Naturmeditationen viel, viel an eigenem Leib und Seele auflösen und für immer verabschieden können. Wir können diese Meditationen auf alles anwenden, was von uns aufgelöst werden will. Jedes Problem, das man ins Licht hält, muss dem weichen. Allein diesen Gedanken ins Leben zu integrieren gibt uns die Macht über unsere Ohnmacht zurück. Wir werden wieder Schöpfer unseres eigenen Lebensplans. Wir haben die Macht, unsere Probleme aus dem Leben hinauszuschaffen.

Der Unterschied, wie ein Mensch lebt, welcher die Macht ergriffen hat, und ein solcher, der nichts davon weiß, ist immens; da liegen Diamanten an Seeleneigenschaften dazwischen. Solche, die aus Unwissenheit nicht entdeckt werden, und jene, deren Wertschöpfung über Unendlichkeiten hinaus leuchtet.

Vor allem habe ich bei den folgenden Meditationen die starke Kraft der Natur kennenlernen dürfen. Es sind Kräfte, die uns wiegen, wenn wir ein Wiegenlied brauchen, die uns tragen, wenn Unterstützung vonnöten ist, die uns heilen, bis in die Tiefe unserer Seele, wenn wir danach rufen.

Gott allein hat uns die gesamte Natur zur Verfügung gestellt, indem wir uns daran erfreuen, im Einklang mit ihr leben – und auch, indem sie uns hilft, zu unserer Ganzheit zu gelangen.

Wir können so viel Gutes von den Naturkräften erfahren, dessen wir uns gar nicht wirklich bewusst sind. Die Zusammenarbeit mit der Natur bringt die Seele zum Schwingen und erleuchtet unser Herz.

Naturelemente, die schon lange vor uns da waren und auch noch lange nach uns sein werden, schaukeln uns im Rhythmus der Gezeiten in den Seelengrund. Der Urklang der Schöpfung hallt noch lange in unserer Seele nach.

Wie wird es gemacht?

Meditationsübung *Sonne*
Die Sonne ist das absolute Transformationsorgan des Himmels überhaupt. Niemand, weder Lebewesen noch Natur, könnte ohne sie überleben. Doch sie scheint nicht nur, um unser Leben zu erhalten, sie ermöglicht auch das Licht in unserer Seele zum Leuchten zu bringen. Und aus diesem Grund kann man die Sonne zu Hilfe holen, um unseren Seelenschmerz zu heilen und um Seelenenergie im Licht erstrahlen zu lassen.

Aus eigener Erfahrung kann ich Ihnen sagen, dass diese Übung mit der Sonnenenergie eine heilvolle Transformation für Körper, Geist und Seele ist. Jedesmal wenn ich mich mit der Energie der Sonne verbinde, danke ich ihr für die Heilung, die ich schon erfahren habe und täglich erfahre. Die Sonne ist unendlich groß, hell, warm und erinnert uns an unsere innere Größe, Wärme und Helligkeit. Dies alles lässt mich wahrhaft demütig werden, auch dass uns die Natur unerschöpfliche Energie zur Verfügung stellt und wir zu jeder Zeit im unendlichen Ausmaß davon nehmen dürfen. Wir können uns als wahrhaft gesegnet wissen!

Transformation mit der Energie der Sonne

Bei einer Übung mit der Sonne stellt man sich tatsächlich in die Sonne oder unter einen Baum, durch den ein Sonnenstrahl fällt. Auch können Sie sich an ein Fenster stellen, durch das die Sonne scheint, selbst da erzielt diese Übung eine natürliche Wirkung, genauso als wenn man die Sonne auf der Haut spürt. Ebenso können Sie sich das Ganze auch im Geiste vorstellen, das Ergebnis bleibt dasselbe. Allerdings sollte man dabei die Sonne auch tatsächlich spüren.

Versetzen Sie sich in einen ruhevollen Zustand. Lassen Sie in diese Ruhe die Gedanken fließen und tauchen Sie immer weiter und tiefer in diese innere Ruhe ein. Dazu atmen Sie ruhig ein und aus. Beobachten Sie den Atem und lassen Sie alles los. Mit jedem Ausatmen fällt immer mehr von Ihnen ab. Sie werden ruhiger und ruhiger.

Nun, nachdem Sie ruhig sind, spüren Sie die Sonne auf der Haut und wie sie langsam in den Körper eindringt. Das passiert ganz weich und sanft. Wärmend sinken ihre feinen Strahlen durch die Haut und dringen tiefer und tiefer hinein. Die Strahlen fließen durch die Adern und sickern noch weiter ins Innere des Körpers hinein. Durch alle Gliedmaßen hindurch spüren Sie die Sonne scheinen. Bis in die Zehenspitzen und in die Fin-

gerspitzen spüren Sie das warme, angenehme Kribbeln der Sonnenstrahlen. Sogar bis in die letzte Haarspitze sind Sie von der Sonne durchdrungen.

Sie scheint durch alle Organe, alle Knochen und Knorpel. Das spürt man daran, dass die Wärme durch Herz, Lunge, Nieren, Leber gepulst wird. Alles fühlt sich warm, friedlich und harmonisch an.

Durch jede Zelle scheint die Sonne und erweckt die Zellvorgänge zu neuem Leben. Sie reinigt die Gehirnwellen und bringt alle Gedanken in ein harmonisches Gleichgewicht. Sie hat eine so große Strahlkraft, dass sie alle Ängste, Sorgen und Zweifel mit ihrer Wärme wegbrennt, wegscheint, wegleuchtet. Alles, was uns belastet, löst sich in der Wärme auf. Die dunklen Flecken im Körper, auf den Organen, in den Zellen fließen und schmelzen in der Wärme dahin.

Lassen Sie die Sonne so lange durch Ihren Körper fließen, bis Sie sicher sind, dass sie überall angekommen ist. Alle Anspannungen werden durch die Wärme aufgelöst, alles ist heil, schön und ganz. Die Sonne strahlt von innen durch Ihr Gesicht heraus. Sie sehen, hören, schmecken und fühlen mit der unendlichen Wärme der Sonne.

Um Ihren Körper strahlt die Sonne und hüllt Sie in einen Schutzmantel aus Sonnenstrahlen. Ihre Aura erstrahlt im Licht. Die dunklen Energien, die hier nicht hergehören, fließen auf natürliche Weise ins Licht, sodass nur noch Helligkeit übrig bleibt.

Die letzten dunklen Energien, die Ihren Körper und Ihre Aura durchzogen haben, lösen sich noch auf und entweichen hoch zum Himmel hinauf und tauchen direkt in die Sonne ein. Sie sehen sich im Licht. Sie spüren die Wärme, in sich und um Sie herum. Sie wissen es bis in die letzte Zelle, dass Sie gereinigt, geheilt und neu hergestellt sind.

Wenn sich ein hartnäckiges Problem, eine Sorge nicht lösen möchte, dann holen Sie noch einmal einen starken Sonnenstrahl und erinnern sich daran, dass nichts, aber auch gar nichts der Sonne widerstehen kann. Alles löst sich auf, muss sich in ihrem Licht auflösen.

Sie können auch ein Gefühl, wie Ärger oder Angst der Sonne zur Heilung anbieten. Fühlen Sie, wo in Ihrem Körper es sich befindet. Wenn Sie einen Druck wahrnehmen, ein ungutes Gefühl, laden Sie die Sonne ein, mit ihrer alles besiegbaren Wärme dieses Gefühl aufzulösen. Lassen Sie die Sonne so lange darauf scheinen, in dem Wissen, dass alles, was Sie blockiert, wei-

chen muss. Und Sie werden es spüren, wie Ihre Sorgen und Ängste dahinschmelzen.

Tun Sie dies so lange, bis Sie absolut von der Energie der Sonne erfüllt sind. Vor Veränderungen brauchen Sie keine Angst mehr zu haben, alles passiert leicht und sanft. Sie sind geborgen in der Obhut der wärmenden Sonne. Ihr Körper ist pure warme Sonnenenergie. Sie strahlen selbst. Die Engel fliegen um Ihr Haupt, durchkämmen Ihre Aura und fächeln Ihnen noch mehr reine Energie zu. Ihr Herz strahlt Sonnenstrahlen aus. Und Gott selbst lächelt durch Sie hindurch, durch Ihre Organe, durch Ihr Blut, durch Ihre Zellen und aus Ihrem Herz heraus. Sie sind frisch, strahlend und wie neugeboren. Voll dankbarer Energie. Gott lächelt und Sie fühlen sich ganz, ganz tief mit Ihrer wahren Heimat verbunden.

Meditationsübung Wasser

Für alle jene, die gerne die fließenden Energien des Wassers spüren, gibt es eine hervorragende Übung, die ich vollkommen natürlich jedes Mal im Wasser durchführe. Das kann in einem See, in einer Therme, unter der Dusche oder in der Badewanne sein. Wenn Sie gerade kein Wasser in der Nähe haben, so gehen Sie diese Meditation in Gedanken durch. Sie werden sehen, dass Sie sich hinterher so frisch fühlen, als ob Sie einem See entstiegen sind.

Transformation mit der Energie des Wassers
(Einstieg bei See, Therme oder Badewanne)
Nun begeben Sie sich mit Ihrem Körper oder in Gedanken in das Reich des Wassers. Dort liegen Sie auf dem Rücken und treiben und treiben in dem warmen Wasser dahin.

(Einstieg beim Duschen)
Nun begeben Sie sich mit Ihrem Körper oder in Gedanken in das Reich des Wassers. Drehen Sie die Brause auf und lassen Sie das Wasser zuerst über den Rücken und dann über den Körper fließen.

Die Gedanken werden weniger und der Geist wird ruhiger. Sie atmen langsam ein und wieder aus. Mit jedem Ausatmen lassen Sie alles von sich los. Der Alltag rückt in die Ferne, die Hektik fällt von Ihnen ab. Sie werden immer gelöster und ruhiger und spüren immer deutlicher das warme Wasser, wie es Sie umspült.

Die Energie des Wassers umgibt nicht nur Ihren Körper, sondern geht in Sie hinein. Sie fließt durch Ihre Haut, die warme reine Energie des Wassers geht immer tiefer in Ihren Körper hinein und durchdringt sanft Ihre Gliedmaßen, Ihre Arme und Beine, bis in die Finger- und Zehenspitzen hinein. Sogar bis in die Haarspitzen hinein umgibt Sie die leuchtend reine Energie des Wassers.

Alle Ihre Organe, Knochen und Knorpel sind mit dieser Wärme und Leuchtkraft verbunden. Herz, Lunge, Nieren, Leber und alle anderen Organe kommen mit der Energie des Wassers in Verbindung. All das fühlt sich harmonisch, rein und friedlich an.

Die reinigende Energie von Licht und Wärme, die vom Wasser ausgeht, erweckt die Zellvorgänge mit neuem Leben. Sie pulsiert durch die Adern Ihres Körpers und füllt jede Zelle mit neuen Lebensimpulsen auf. Diese Ener-gie fließt durch Ihre Gehirnwellen und reinigt alle negativen Gedanken und schwingt Sie in Harmonie ein. Alle Ängste, Sorgen und Zweifel werden von der reinigenden Energie des Wassers weggespült. Alle Belastungen lösen sich auf.

Dunkle Flecken, die Sie im Körperinneren wahrnehmen, lösen sich auf, werden durch die Wasserenergie weggespült. Ihr Körper ist von der reinen Energie des Wassers durchspült.

Lassen Sie diese Energie durch alle Anspannungen fließen, bis Sie sich heil, schön und ganz fühlen. Die Wärme strahlt von innen durch Ihr Gesicht heraus, Sie sehen, hören, schmecken, fühlen diese unendlich wärmende Energie des Wassers.

Die Energie des Wassers ist nicht nur in Ihnen, sondern auch um Sie herum. Wie einen Strahlenkranz umgibt sie Ihre Aura, löst dort alles Negative und Dunkle heraus und verändert Sie und Ihr Seelengewand. Sie nehmen Ihre Aura als hell und strahlend wahr.

Noch einmal durchspült die Energie des Wassers Ihren Körper und Ihre Aura, sie schwemmt alles hinweg, was nicht hierhergehört und bringt neue Leichtigkeit in Ihr Leben. Sie fühlen sich frei und neugeboren. Dieses starke Gefühl spüren Sie bis in die letzte Zelle.

Wenn Sie etwas Hartnäckiges wahrnehmen, dunkle Energien, Gedanken, die sich nicht lösen wollen, dann erinnern Sie sich daran, dass sich alles der Wasserenergie fügen muss. Sie schwemmt unaufhörlich jedes negative Detail weg, nichts kann sich dem entziehen und kleben bleiben. Die reine Energie des Wassers bringt so lange ihre Wärme, ihr Licht dar, bis alles weg ist.

Die negativen Aspekte lösen sich ganz natürlich im Wasser auf, verwandeln sich in Lichttropfen, die wieder verschwimmen.

Sie können ein Gefühl wie Ärger oder Angst dieser reinigenden Wasserenergie zur Heilung anbieten. Fühlen Sie, wo sich in Ihrem Körper ein Druck oder ein ungutes Gefühl befindet und laden Sie die Kraft des Wassers ein, diese negativen Aspekte hinwegzuschwemmen. Geben Sie nicht auf, so lange nicht, bis Sie tatsächlich das Gefühl haben, dass es nun geschehen ist. Spüren Sie, wie die Wärme des Wassers Ihre Sorgen und Ängste auflöst. Erinnern Sie sich sanft daran, dass dieser Energie nichts standhalten kann.

Tun Sie das so lange, bis Sie sicher sind, dass Sie absolut von der reinen Energie des Wassers erfüllt sind. Ihr Körper ist warme, reine, lichtvolle Energie.

Das Wasser trägt Ihren Körper, Ihren Geist und Ihre Seele sicher und unaufhaltsam durch das Leben. Sie brauchen keine Angst vor Veränderungen zu haben, es passiert alles leicht und schwingender wie die pulsierende Energie des Wassers. Sie fühlen sich sicher und geborgen. Ihre Engel begleiten Sie und Sie fühlen sie nahe bei sich. Sie tauchen in Ihre Aura ein und fächeln Ihnen Frieden und Freude zu. Sie fühlen, wie göttliche Energie Ihren Körper durchpulst, Ihre Organe, jede einzelne Zelle, jeder Gedanke strahlt diese Energie aus. Gott lächelt aus Ihnen heraus. Ihr Herz strahlt göttliche Energie aus. Sie sind angekommen, in Ihrer wahren Heimat.

Es mag gute Gründe haben, warum wir ausgerechnet die Energie des Wasser so stark mit Freiheit in Verbindung bringen. Vielleicht deshalb, weil wir unbewusst wissen, dass wir diese Freiheit schon lange in uns tragen. Dort, wo wir herkommen, waren wir tatsächlich frei. Unbewusst und bewusst sehnen wir uns nach Leichtigkeit und Schwerelosigkeit. Erinnern wir uns in unserer Tiefe an einen Zustand, das wir mehr als nur materielle Wesen sind, dass wir eines Tages wieder frei und glücklich umherschweben werden?

Dennoch, wir und alle anderen Lebewesen auf unserem Planeten könnten ohne Wasser nicht leben, wir selber bestehen zu einem Großteil aus Wasser. Daher sollten wir uns täglich in Dankbarkeit dem Wasser zuwenden. Immer wieder habe ich einen klaren Bergsee vor meinem geistigen Auge und bin zutiefst berührt, wie klar reines Wasser tatsächlich sein kann. Es lässt uns symbolisch bis auf den Grund unserer Seele blicken und durchtränkt uns mit dieser reinen, klaren Energie.

Sollten Sie zum Beispiel in der Stadt leben und Ihnen die Vorstellung eines klaren Bergsees schwerfallen, so können Sie sich auch anders behelfen. Eine Kundin erzählte mir, sie habe ein Zettelchen beschrieben, auf dem steht: Danke für Gesundheit, Frieden und Harmonie. Diesen Zettel hat sie auf eine Wasserflasche geklebt und zu den anderen Flaschen gestellt. Damit bedankt sie sich täglich für die Leben spendende Energie.

Heilung geschieht nicht nur in unserem Körperinneren, sie dehnt sich auch um uns herum aus. Wir bestehen aus keiner abgegrenzten Schicht, sondern aus fließender Energie. Diese Energie strahlen wir auch aus. Feinfühlige und sensibel veranlagte Menschen erkennen daher sehr schnell, wenn jemand Coolness oder besonderes Wissen vorspielt. Dahinter lässt sich leicht und untrüglich das Energiebild erkennen, das der andere durch Vorspiegeln falscher Tatsachen zu verbergen versucht. Deshalb haben authentische Menschen, die ihre Narben offen tragen und über ihre Entwicklungen auch reden können, eine klare aussagekräftige Ausstrahlung. Es sind solche, die viel intensiver mit ihrer Seele in Kontakt sind. Sie geben ihrer Seele die Nahrung, die sie braucht, achten auf ihre Bedürfnisse und geben ihr die Heilung, die sie verlangt. Mit den beiden vorgeschlagenen Naturmeditationen, Sonnen- und Wassertransformation, beginnt auch die Heilung der Seelenräume.

Da wir alle von Energie beseelt sind, ist auch unser Körper ein energetisches Wesen. Wir glauben viel zu sehr an die Materie und verhaften uns in ihr, weil sie uns Sicherheit zu verleihen scheint. Wie angreifbar und zerstörbar unser Körper ist, müssen wir tatsächlich jeden Tag neu erkennen. Wir können uns nicht nur mit unserem Körper identifizieren, obwohl gerade das der Trend unserer heutigen Zeit ist. Die Menschen wollen ewig jung, makellos und vor allem faltenfrei sein. Wenn dem nicht so ist, folgt viel Leid, weil man glaubt, in dieser Welt nicht gut genug zu sein. Doch der Körper ist nur ein Teil von uns. Wir sind viel mehr als das. Und wir sollten nicht unsere ganze Energie auf unseren Körper verschwenden, wo doch unsere Seele so dringend Licht braucht. Erst wenn die Seele leuchtet, geht es dem Körper gut. Dann erstrahlen auch wir in unserem Körperkleid. Und das ist wahre Schönheit.

Dazu möchte ich Ihnen ein kurzes Gebet zur Bewusstwerdung zwischen Dunkelheit und Licht vorstellen.

Ich bin Licht

Alles, was es zu tun gibt, damit es heller wird, werde ich tun. Denn in mir und um mich herum ist Licht.

Ich bringe mein Leben ins Licht, denn ich bin ein Werkzeug des Lichts. Ich werde nicht aufhören, den guten Kampf zu kämpfen, solange es notwendig ist. Vielleicht so lange ich lebe, mag sein, darüber hinaus.

Auch werde ich alles tun, um den Schmerz in mir zu heilen, auch den in meiner Familie. In den Beziehungen zu den Menschen, die mir nahestehen, werde ich Licht bringen. Auch allen Geschöpfen und Gestirnen und der Dunkelheit der Erde bringe ich Licht, damit sich alles zu lichtvollem Sein verwandelt.

Ich bin hier, um mit Licht zu arbeiten, denn die Dunkelheit ist, wenn man sie durchschreitet, nichts als Illusion.

Wann ist eine Erhöhung der Seelenenergie notwendig?

Eigentlich gehört es zur Aufgabe jedes einzelnen Menschen, seine Seelenenergie zu erhöhen. Wir sind hier, um zu wachsen und uns zu transformieren. Dazu gehört, alte Muster abzulegen und in neue hineinzuwachsen. Auch gilt es, alte Verwundungen zu heilen, damit sie uns im Leben nicht länger blockieren.

Die Fortschritte der Wissenschaft in den Bereichen, Medizin und Technik sind sprunghaft angestiegen. Jedoch steckt die Quantenphysik noch in den Kinderschuhen, um immaterielle Energien im oder außerhalb des Menschen zu lokalisieren und zu benennen; davon ist sie noch weit entfernt. Deshalb ist es nicht weiter verwunderlich, dass es so viele Menschen gibt, die es nicht wissen, es auch nicht glauben wollen oder gar keinen Wert auf die Reinheit und hohe Schwingung ihrer eigenen Energie legen. Persönlich finde ich das bedauerlich, doch ich möchte niemanden überzeugen müssen. Jeder kann und darf sein Leben nach seinen Vorstellungen leben, dazu gehört es auch, in der Opferrolle verhaftet zu bleiben. Das gilt immerhin als Grundrecht eines jeden Menschen.

Meine Erfahrungen und die vielen Berichte meiner Klienten sind da anderer Natur. Das Leben meint es nicht schlecht mit uns, sondern gut. Daher wird es alles unternehmen, um uns aus schlechten Positionen herauszubringen. Das Universum, die Engel oder auch menschliche gute Boten bieten uns sehr oft Hilfestellungen an, auch oft, ohne von uns bewusst wahrgenommen zu werden. Vielleicht lohnt es sich, auch für Sie, über die vielen guten Gegebenheiten im Leben nachzudenken, wo es wieder einmal gut ausgegangen ist für Sie.

Ich persönlich glaube, dass auf diesem Weg wirklich schon jeder von uns einmal mit seinem Schutzengel in Kontakt gekommen ist, dies aber wieder vom Tisch gewischt hat. Dabei kann es sich um brenzlige Situationen auf der Straße handeln, wenn es schon furchtbar knapp war – und doch ist nichts passiert. Oder man machte in der Firma einen Fehler, der ohne große Aufregung gar nicht weiter angesprochen wurde, bei dem man aber schon die eigene Kündigung sah. Es gibt Hunderte solcher Momente, in denen wir mit einer guten unsichtbaren Energie in Kontakt getreten sind.

Noch einmal etwas anderes ist es, dies vollkommen gewollt und wissentlich herbeizuführen. Dann bezeichnen wir Grenzsituationen, aber auch Alltagssituationen nicht mehr als nur »Glück gehabt« und tun dies als Zufall ab. Wir sehen uns dann tatsächlich als vom Leben beschützt und behütet an. Dies ist ein Riesenschritt in unserer Inkarnation, ein Meisterschritt!

Dazu ist die Arbeit mit der eigenen Energie, der Seelenenergie von unglaublich großem Vorteil. Sie bringt uns viel schneller voran, unsere Aufgaben zu erkennen und sie auch anzunehmen. Wir bewegen uns in der Meisterschaft unseres eigenen Lebens!

Schauen wir uns jetzt an, in welchen Situationen es ratsam wäre, eine Erhöhung der Seelenenergie durchzuführen.

Instabiler Entwicklungszustand

Wenn wir uns in einem Entwicklungsstadium befinden und möglicherweise noch kein Land in Sicht ist. Doch genauso, wenn sich schon die ersten Anzeichen für Veränderung abzeichnen. Denn zum guten Beenden eines Lebensabschnitts und Beschreiten eines besseren neuen braucht man eine stabile Seelenenergie, um auch bessere Erfahrungen ins Leben zu bringen.

In so einem Fall ist eine Erhöhung der Seelenenergie von großer Wichtigkeit. Dafür bestens geeignet ist die Meditation »Transformation mit der Energie der Sonne«, ebenso die des Wassers.

Negative Emotionen

Eine Energieerhöhung durch Meditation ersetzt bei negativen Emotionen keinen Arzt oder Psychologen, sie wirkt lediglich unterstützend zu einer Therapie, sollte dies z.B. bei schweren Depressionen oder Überforderungen der Fall sein. Dennoch ist es mit einer Erhöhung der Seelenenergie möglich, Sorgen, Ängste, Ärgernisse sowie auch Gereiztheit aufzulösen, die im Gedankenkarussell im Kopf rotieren. Auch negative Verhaltensweisen wie permanentes Kritisieren, Nörgeln, oder Lästern lassen sich damit auflösen. Wer sich schon einmal von solchen Handlungen auf normalem Wege, das heißt, über Willensstärke befreien wollte, weiß um welches Unterfangen es sich hier handeln kann. Hier ist viel mit einer Energieerhöhung geholfen, aber wie gesagt in unterstützender Form.

Dafür bestens geeignet ist die Meditation »Transformation mit der Energie der Sonne«, ebenso die des Wassers.

Konzentrationsschwäche, Aufmerksamkeitsdefizit

Oftmals ist unser Energiekleid ein wenig durchlässig, z.B. Sorgen plagen uns, wir stehen im Zeitdruck und fühlen uns unwohl. Dann kommt es zu Störungen im Konzentrationsbereich. Wir treten mit anderen Energien in Kontakt, die uns verwirren, ohne dass wir davon wissen. Eine

Erhöhung der Seelenenergie bringt uns in einen stabilen Zustand. Dafür bestens geeignet, ist die Meditation »Transformation mit der Energie der Sonne«, ebenso die des Wassers.

Das artverwandte Thema Lernschwierigkeiten, welches sich mit diesem überschneidet finden Sie unter dem Kapitel »Einbruch bei Lernerfolg« auf Seite 125.

Entscheidungsschwierigkeiten

Soll es dieser Job sein oder ein anderer? Oder man weiß grundsätzlich nicht so recht, wohin der Weg führt. Das ist fast normal, denn wer von uns steckte nicht schon mal in einer Nicht-zu-wissen-wie-Entscheidungs-Situation. Um gute Wege zu gehen, brauchen wir neben unserem Verstand eine bejahende Herzentschei-dung. Deshalb ist sehr wichtig zum Herzen zu gelangen. Meistens ist es zugeschüttet mit allerlei emotionalem Gerümpel, sodass es viel Arbeit braucht, um ins Zentrum vorzudringen. Also, nur Geduld, so etwas braucht seine Zeit. Auf normalem Wege, manchmal Jahre.

Wer sich einen längeren Zeitrahmen steckt, verliert im Endeffekt keine Zeit. Die Ziele werden handfester, sind ausgereifter und dem Erfolg wird nichts mehr im Weg stehen.

Doch mit Energieerhöhung kommen wir unserem Herzen schneller näher und wir wissen dann plötzlich, wie es weitergeht. Dann ebnen sich die Wege. Dafür bestens geeignet ist die Meditation »Transformation mit der Energie der Sonne«, ebenso die des Wassers.

Es gibt noch unzählige Situationen, in denen eine sofortige Seelenenergieerhöhung notwendig wäre. Es ist nicht nötig sie alle anzuführen. Die auf den vorangegangen Seiten aufgeführten Beispiele können Ihnen als Anregung dienen und um sich selbst zu hinterfragen: Welche Situationen gefallen mir in meinem Leben nicht? Wo könnte ich etwas verändern? Was sollte besser werden? Braucht mein Leben eine Aufräumaktion?

Ist es für mich an der Zeit sich mit einer Energieerhöhung auseinanderzusetzen? Für alle problematischen persönlichen Themen ist die Meditation »Transformation mit der Energie der Sonne«, ebenso die des Wassers, bestens geeignet, um schneller und leichter zu Klarheit und Seelenfrieden zu gelangen.

Der Wunsch die Meisterschaft meines Lebens anzutreten

Dies dürfte bewusst oder unbewusst der Hauptgrund sein, warum wir uns mit der Erhöhung der Eigenenergie auseinandersetzen. Meistens stehen wir vor einem Problem, kommen mit spirituellen Praktiken in Kontakt und begreifen damit erst das Ausmaß unserer Macht, die uns gegeben ist.

Kurz zusammengefasst begeben wir uns hier von einem Leben, in dem wir bisher geglaubt haben, ihm ausgeliefert zu sein, in die Perspektive, machtvolle Schöpfer zu sein, denen das Universum bei all seinen Unternehmungen stets zur Seite steht.

Nachfolgend finden Sie einen kurzen Text, den Sie in Ihre Reinigungsarbeit einbauen können oder separat täglich in meditativer Verfassung lesen können, damit Ihnen Ihre lichtvolle Gestalt bewusster wird.

Tägliches Brevier

Das Leben trägt mich, leitet mich, begleitet und beschenkt mich mit aller Lebensfreude, die ich mir nur vorstellen kann.

Ich bin nicht länger Sklave der Umstände, sondern bin Herrscher meiner eigenen Königreiche, nämlich meiner Lebensreiche. Diese beherrsche ich großzügig und gütig.

Ich führe den Frieden in mein Leben ein, setze aber klare Grenzen.

Ich führe ein Leben in innerem Reichtum, lebe die Freiheit und Größe meiner Seele aus und stehe voller Ehrfurcht der unendlichen Fülle dieses Lebens gegenüber.

Ich trage die Krone der Schöpfung, denn ich selbst bin Geschöpf und Schöpfer zugleich!

Wann ist eine Erhöhung der Raumenergie notwendig?

Raumharmonisierung bei Trennungen

Die Internet- und Immobilienseiten der Zeitungen sind randvoll gefüllt mit Scheidungshäusern und Wohnungen. Kein Wunder, denn Trennungen stehen an der Tagesordnung und somit der Wohnungswechsel auch.

Gar nicht selten freut sich jemand über ein günstiges Scheidungshaus, nur um dann selbst Kandidat desselben zu werden. Denn, was in der Regel nicht berücksichtigt wird, ist die zurückbleibende Energie in diesen Räumen. Mit Sicherheit verständlich, denn wir gehen mit voller Vorfreude auf Wohnungssuche und spüren nur unsere eigene Aufregung über einen neuen Lebensabschnitt. Daher vergessen wir vollständig, uns in diese Wohnung hineinzufühlen, was im Augenblick der Besichtigung auch schlecht möglich ist, denn da sind wir nicht in der inneren Ruhe, sondern wir sehen uns schon hier wohnen, checken gedanklich die Wohnzimmercoach mit dem Bücherregal ab und nehmen es ganz gelassen hin, wenn uns der Immobilienmakler erzählt, dass die tolle Wohnung nun zu haben sei, da das Paar, dass zuvor hier gewohnt hat, sich getrennt hat.

Grundsätzlich sollte bei jedem Neueinzug eine Raumreinigung durchgeführt werden. Zum einen um das eigene Energiefeld neu abzustecken und zum anderen um dem Neuanfang zu einem guten Start zu verhelfen, was von jedermann gewünscht ist. Wenn wir unbedarft und achtlos mit einem Neueinzug umgehen, übernehmen wir aus der Raumenergie die Schwingung. Im schlimmsten Fall übernehmen wir Streit- und Trennungsenergien, die nicht unsere eigenen sind. Diese Energiemuster, die sich in den Räumen befinden, ergreifen von uns Besitz und wir sind, auf Sicht gesehen, nicht mehr Herr der Lage.

Nicht immer muss es dramatisch enden, dennoch tangiert es uns. Aber wir leben in einem Zeitenwechsel, in dem wir inzwischen Energie deutlicher fühlen, und daher müssen wir so etwas nicht mehr als unveränderbar hinnehmen. Besonders Trennungsenergien sollten unbedingt aufgelöst und ins lichtvollste Licht geschickt werden.

Es ist überaus wichtig, dass wir in unseren Räumlichkeiten darauf achten, da nicht auch noch von Trennungsenergien belastet zu werden, denn alle Menschen, die wir auf unserem Planeten leben, sind automatisch von Trennungsenergien betroffen. Denn wir haben die ultimative Trennungsphase erreicht, nicht nur die Menschen untereinander, sondern auch generell fühlen wir uns von der Erde getrennt. Wir sind durch unsere eigenen Trennungsdramen in diesen Zustand gerutscht, der sich noch dazu gar nicht wirklich gut anfühlt. Zu oft sind wir getrennt von unserer Seele, von unserem Körper oder von Teilen davon. Der Trennung liegt unser ganz großer Urschmerz – und damit immanent der Wunsch nach Einheit – zugrunde. Vielleicht irren wir deshalb von einer in die nächste Beziehung, fühlen uns hier wie dort nicht zu Hause? Nicht weil es dem Menschen in unserer Partnerschaft an Qualitäten mangelt, sondern wir verhaftet sind in unserem eigenen Trennungsschmerz.

Viele Menschen sind Suchende, die den Weg zu sich selbst nicht finden und dem Partner dann die Schuld geben, nicht ankommen zu können. Dabei wäre eine ehrliche Selbsteinschätzung, wieweit wir uns von uns selbst getrennt haben bereits ein Anfang in Richtung Heilung. Jedoch sich hinzusetzen und sich ehrlich anzusehen ist nicht ganz so einfach, man wird oder lässt sich doch zu oft durch andere Anforderungen abhalten.

Ein anderer sicherlich leichterer Weg wäre, so einiges an Trennungsenergie in den Räumen und gleichzeitig auch in uns selbst aufzulösen, um der Wahrheit wieder einen Schritt näher zu kommen. Trennung mit Schmerz verbunden, unter dem wir leiden, ist nur ein Relikt, dem wir nicht unsere gesamte Macht unterordnen müssen. Wir sind in der Lage uns über solche Energien zu erheben und höhere, lichtere Welten zu betreten, mit denen es sich leichter, gesünder und froher leben lässt.

Nun, dazu möchte ich Ihnen folgende Geschichte erzählen:

Helga und Karl hatten eine zweijährige Wohnungssuche hinter sich. Es wollte und wollte sich nichts Entsprechendes ergeben. Beide waren sie des Immobilienangebots schon überdrüssig, da sie immer wieder von Neuem enttäuscht wurden. Sie stellten sich eine Eigentumswohnung mit Terrasse oder Gartenanteil vor, doch auch diese Suche blieb ergebnislos. Zumindest hatte sich bislang kein Objekt ergeben, wo Preis, Lage und Qualität zusammenpassten.

Doch plötzlich, wie aus heiterem Himmel hatte Karl einen Tipp von einem Arbeitskollegen bekommen, sich ein Häuschen in der Nachbarschaft anzuschauen, das zum Verkauf stünde.

Die Besitzer waren gerade in Scheidung und das Haus würde zu einem relativ günstigen Preis weggehen. Deshalb war auch rasches und zielstrebiges Handeln angesagt.

Als Karl mit Helga einen Termin zur Besichtigung vereinbart hatte, waren sie geradewegs von dem schmucken kleinen Haus angetan. Und sie schlugen sofort zu. Das Haus wurde ihr Eigentum. Freudestrahlend zogen sie in die Vorstadtidylle und richteten das Haus nach ihrem Geschmack ein.

Die ersten Wochen bestanden zur Gänze in Renovierungsarbeiten. Dem Haus wurde ein neuer Anstrich verpasst, der Eingang mit einem kleinen Vordach aufgehübscht und die Veranda mit einer gemütlichen Gartengarnitur aufgewertet. Noch bevor alles unter Dach und Fach war, sehnten Karl und Helga schon wieder ihren normalen Alltag herbei, in dem alles in geregelten Bahnen verlief.

Obwohl die beiden eine durchaus spritzige Ehe hatten, verband sie eine sehr harmonische Beziehung. Sie vergriffen sich nicht im Ton oder in ihrer Ausdrucksweise. Wenn unterschiedliche Ansichten zutage kamen, konnten sie diese Ansichten sehr gut miteinander klären und auch verbinden. Doch nicht lange und die Harmonie, welche die beiden seit Jahren verband, verzog sich von Tag zu Tag mehr.

Helga klagte ständig über irgendwelche Wehwehchen. Sie hatte Kopfschmerzen, Herzrasen und war voll düsterer Gedanken. So kam es mit Karl zu Sticheleien, die schließlich zu Streitereien führten. Noch nie war der Segen über ihrer Beziehung derart schief gestanden.

Aber in dem Haus schien irgendwie alles schiefzulaufen. Die Waschmaschine, die sie mitgebracht hatten, ging sofort kaputt. Dann folgte ein Wasserrohrbruch, der mit großem finanziellen Aufwand verbunden war. Dazu Helgas kläglicher Gesundheitszustand, mit dem sie sich nicht abfinden konnte. Irgendwie schien das beschaulich-heimelige Häuschen auf den zweiten Blick wie verhext zu sein.

Karl beschwerte sich bei seinem Arbeitskollegen über die eigenartigen Vorkommnisse in dem Haus, als gerade das elektrische Garagentor den Geist aufgegeben hatte. Helga und er fühlten sich wie vom Pech verfolgt. Karl verschwieg auch nicht, dass angesagte Pechsträhne sich inzwischen auf ihr Beziehungsleben auswirke und sie erst mal ratlos vor der echten Herausforderung stünden, wie es nun weitergehen könnte.

Ein paar Tage später überbrachte der Arbeitskollege Karl die rettende Idee, nachdem er seiner Frau zu Hause die Merkwürdigkeiten in der Nachbarschaft mitgeteilt hatte. Seine Frau hatte gleich eine Telefonnummer auf einen Zettel notiert, den er an Karl weitergab. Dies wäre eine Person, die die Räume harmonisieren könne.

Karl übergab Helga die Telefonnummer, und teilte ihr zugleich seinen Argwohn mit. Seinem Arbeitskollegen hätte er gerade so einen Blödsinn nicht zugetraut. Noch dazu hatten die auch ihr Haus harmonisieren lassen. Was für eine Zeit und Geldverschwendung!

Doch Helga zögerte nicht lange, wählte die Nummer und teilte ihr Anliegen dort mit. Nun, eine Hausreinigung wäre in dem Fall mit Sicherheit das Richtige, erfuhr sie von mir, nachdem Helga aus ihrer betroffenen Sicht die Vorkommnisse geschildert hatte. Ich erzählte ihr von einigen Beispielen, die ich gerade gereinigt hatte – und von den Referenzen, die ich im Nachhinein erhielt. Ein Scheidungshaus sei sowieso prädestiniert, gereinigt zu werden. Das Warum leuchtete Helga sofort ein und sie bat darum, es schnellstmöglichst zu erledigen. Als sie hörte, dass ich nur die Wohnungspläne dazu brauchte und es im Geist reinigen könne, war sie noch mehr davon angetan.

Karl schüttelte den Kopf. Wohnungspläne und in Gedanken reinigen – so einen Unsinn hätte er bis jetzt noch nicht gehört. Doch Helga ließ nicht mehr locker, sie hatte sich schon entschieden und vermutlich fädelte sie den Termin hinter Karls Rücken ein.

Das Haus wurde samt Grundstück energetisch gereinigt. Helga teilte ich telefonisch nur mit, dass es sich um sehr dunkle Energien gehandelt hatte, die festsaßen. Ferner sagte ich ihr noch, das diese Energien schon vor der Zeit des Scheidungspaares anhängig gewesen waren. Und nun wären sie aufgelöst.

Hinterher erzählte sie mir, dass sie am ganzen Körper zitterte, als sie meine Worte vernahm. In ihren Gedanken flammten noch einmal die letzten Streitigkeiten mit Karl auf. Wer weiß, wohin das alles noch geführt hätte? Dann wurde sie von einer ungeheuren Müdigkeit überfallen, fiel ins Bett und schlief ein. Die nächsten Tage war sie zwar noch immer müde und brauchte viel Schlaf, doch ihre Kopfschmerzen waren und blieben verschwunden. Erst nach dieser Müdigkeitsphase gelang es ihr zu erspüren, wie sich das Haus mehr und mehr mit frischer Energie füllte.

Karl, der nichts von der Hausreinigung wusste, sagte zwei Wochen später zu Helga, dass er glaube, die Pechsträhne, die sie anfangs hätten, sei nun vorbei. Alles laufe so harmonisch und ruhig ab, wie vor dem Hauseinzug und die Serie der Schäden hätte nun auch ein Ende gefunden. Ob ihr das noch nicht aufgefallen wäre?

Helga lächelte und beschloss dann, erst einmal einen sonnigen Nachmittag auf der Terrasse abzuwarten, um Karl in aller Ruhe von der erhöhten Raumenergie zu erzählen.

Ein Haus oder eine Wohnung sollte unbedingt gereinigt werden, wenn man annimmt, dass Energien von Schuldzuweisungen oder Machtspielen im Raum »hängen« oder von den Vorbesitzern hinterlassen wurden. Sehr feinfühlige Menschen nehmen diese Negativitäten auch viel schneller wahr, entweder weil es verstärkt kleinere oder größere Probleme gibt, oder sie fühlen sich gesundheitlich unwohl. Und vor allem erkennen sie, dass es nicht ihre eigenen Energien sind. Man fühlt sich dann, als hätte man sich eine fremde Energie »eingefangen«. Oft kann man sich nur schwer oder gar nicht davon lösen. Aber gerade diese niederen Energien sind es, die weitere Verwirrung und Angst verbreiten. Dadurch fühlt man sich gefangen und irgendwann ergibt man sich in sein Schicksal.

Deshalb ist eine Harmonisierung der Energien wichtig und eigentlich kein großer Aufwand für das Resultat, das folgt.

Raumharmonisierung bei schwer erfüllbaren Wünschen

Wir alle haben Wünsche, die uns am Herzen liegen und die wir erfüllt sehen möchten. Einige sind uns wichtiger, andere hingegen rangieren weiter unten auf der Prioritätenliste. Und es gibt Wünsche, die wir unbedingt erfüllt haben wollen. Doch wie das so ist mit den Wünschen, viele von uns kennen es, wenn sich unsere Wünsche nur ganz, ganz schwer erfüllen lassen. Da hört der Spaß dann auf und wird zur harten Arbeit.

Manchmal gibt es eine ganz einfache, simple Erklärung, warum sich gewisse Wünsche nicht erfüllen lassen: Es handelt sich um unterschiedliche Energien. Der Wunsch hat quasi eine andere Energie als der Mensch, und deshalb können sie sich nicht treffen. Ein weiterer Wunschverhinderer kann auch der Wohnort sein, der eine andere Energie hat, als die Wunschenergie es verlangt. Dann passiert leider gar nichts. Und wenn so gar nichts läuft, dann fängt man an, es sich selbst anzukreiden. Schlimmerweise verfällt man meistens in Gedankenschleifen wie des Nichtverdienens, Nichtwert-seins oder Nichthabenkönnens dieses Wunsches und damit ist die Unerfüllbarkeit schon besiegelt.

Bereits durch eine einzige Personen- oder Raumreinigung kann diese Unerreichbarkeit des Wunsches gelockert werden. Falls es für den Wunsch keine weiteren gravierenden Blockaden gibt, ist es oft mit nur einer Reinigung getan. Dennoch kann man nicht im Voraus sagen, ob es tatsächlich mit nur einer einzigen Reinigung getan ist.

Dazu folgende Geschichte:

Harald und Sabine hatten ein neues Haus gebaut. Sie wussten inzwischen, dass sämtliche ihrer Freunde Wohnungen und Häuser reinigen ließen, weil es inzwischen sowieso »in« war, solche Dinge vorzunehmen, doch sie schlossen bei ihrem neuen Haus eine Harmonisierung völlig aus. Denn das Haus war ja neu. Was sollte man hier schon tun? Hier war vor ihnen ja noch niemand gewesen. Außerdem war alles neu und ungebraucht.

Die beiden zogen im großen Stil ein und bezeichneten diesen Einzug auch als Nestbau für ihre zukünftigen Kinder. Das hatten sie jedem im Verwandten- und Freundschaftskreis erzählt. Die beiden wünschten sich mehr als alles andere Nachkommen, da sie das Haus auch deswegen gebaut hatten.

Doch eine Jahreszeit löste die andere ab und die beiden verbrachten die zweiten Weihnachten immer noch ohne Anzeichen einer Schwangerschaft. Von kommenden Babyfreuden fehlte jede Spur. Langsam ging ihre Geduld zur Neige. Was tun? Da alle in die Kinderpläne eingeweiht waren, gab es natürlich reichlich Ratschläge, und auch das Thema Raumreinigung wurde wieder angesprochen. Obwohl sie sich davon nichts versprachen, ließen sie sich auf eine Harmonisierung der Räume ein.

Harald und Sabine erlebten tatsächlich eine Überraschung. Obwohl ihr nigelnagelneues Haus noch den Geruch der Erstbewohner hatte, machte ich, die das Haus reinigte, doch sehr negative Energien aus, die mit dem Grundstück zusammenhingen. Obwohl mich diese Energien bedrängten, zog ich ganz entschieden meine Arbeit durch. Doch als ich über den Rasen ging, bekam auch ich am ganzen Körper eine Gänsehaut, die in einem Schüttelfrost endete. Danach erklärte ich den beiden Besitzern, dass dies ein Ort gewesen war, wo sicher schon viele negative Dinge passiert waren. Sabine und Harald wurde es fast schaurig, als sie der Geschichte lauschten. Natürlich fragten sie nach und wollten Details wissen, doch ich sagte nur, dass hier ganz sicher und schon gar nicht freiwillig Menschen verstorben seien, aber mehr sei nicht nötig zu wissen. Es sei nun alles gereinigt, mit Licht gesäubert, und niemand würde mehr von den Energien der Bewohner dieses Hauses saugen können. Sie waren sozusagen frei von negativen Energien.

Später berichteten sie, dass sich ihr Haus nach der Grundstücksreinigung für beide ganz anders angefühlt hätte. Und sie hätten tatsächlich eine Zeit lang gebraucht, bis sie beide darin energetisch »ankamen«.

Auch hatten sie sich nochmals mit der Einrichtung auseinandergesetzt und dieses und jenes wieder umgestellt. Mit neuen Farben und Formen verliehen sie ihrem Haus ein neues Ambiente. In ihrer Weise mussten sie jetzt noch einmal ankommen im neuen Haus.

Es passiert immer wieder, dass, wenn die Räume harmonisiert sind, man den starken Impuls verspürt, sich erst jetzt wirklich einzuleben. Man nimmt die Einrichtung wieder wahr, als wäre man gerade erst eingezogen. Alles fühlt sich anders, neu an. Dies ist nicht immer der Fall, es gibt Menschen, die überhaupt nichts spüren und später erst mit den Veränderungen bemerken, dass sich tatsächlich etwas bewegt. Je sensibler jemand ist, um so eher wird er auch die veränderte Energie spüren.

Doch in diesem Fall dauerte es schon eine Zeit lang, bis die zwei sich wieder neu orientiert hatten. Als die Phase des Werkens vorüber war, ging es Schlag auf Schlag. Sabine wurde schwanger, Harald, der schon lange darüber nachdachte, von zu Hause aus zu arbeiten,

traute sich plötzlich in die Selbstständigkeit. Und zu gu-
ter Letzt holten sie noch ein Hundebaby heim, ein gro-
ßer Traum, vor dem die beiden wegen fehlender Zeit
auch lange zurückgeschreckt hatten.
Jetzt fühlte es sich natürlich an und geschah ohne
Anstrengung, sodass sie beide wussten, die Zeit ist reif,
wir brauchen nur mehr zu handeln. Und diesen Impul-
sen folgten sie in vielerlei Hinsicht.

Vielleicht mag nicht immer alles so derart schnell gehen, doch manchmal kann es schon passieren, dass die
Dinge wie am Schnürchen laufen. Dann sollte man die
guten Gelegenheiten auch am Schopf packen und nicht
zögern. Wenn das Gefühl sich in den Vordergrund
drängt, der richtige Zeitpunkt wäre gekommen, dann
heißt es, mit beiden Händen zuzupacken. Diese Chancen sollte man sich wahrhaft nicht entgehen lassen. Es
gibt nichts Traurigeres als vertane Chancen. Eine Harmonisierung der eigenen Seelenenergie und der Raumenergie sind machtvolle Werkzeuge, um Träume, Ziele
und Visionen in die Tat umzusetzen. Danach ist man in
einer neuen Energie. Und die sollte unter allen Umstän-
den genutzt werden.
    Auf die innere Stimme zu hören ist hier mehr als an-
gebracht. Seiner Intuition zu vertrauen kann schon der
halbe Weg zum Ziel sein.

Raumharmonisierung bei Konkurs

Wie gesagt, in fast allen Geschäften wäre es notwendig, die Raumenergie zu erhöhen. Der schlimmste Fall unter den gesamten Geschäftsobjekten ist ein solches, in dem zuvor jemand pleitegegangen ist oder Konkurs angemeldet hat. Hier trägt sich die Energie von finanziellen Problemen weiter. Diese Energie gehört dringend bereinigt. Es handelt sich auf der feinstofflichen Ebene meist um eine sehr schmutzige, verdreckte, unreine Energie. Sie nimmt einem die Luft zum Atmen. Zudem ist es eine mit Angst besetzte Energie, vor allem der Existenzangst. Das trägt natürlich nicht zu einem erfolgreichen und gewinnträchtigen Geschäft bei. Ganz im Gegenteil.

Dazu folgende Geschichte aus der Praxis:
Ein Unternehmer hat nicht nur ein Geschäftslokal gemietet, wo vorher sogar zwei Geschäfte Konkurs anmelden mussten, sondern auch noch seine Firmenfahrzeuge aus der Konkursmasse gekauft. Überdies war er über seine günstige Anschaffung sehr erfreut. Doch nicht lange, und die Fahrzeuge gingen eines nach dem anderen kaputt. Die Reparaturen kamen teurer, als wenn er sie neu gekauft hätte. Er musste nicht nur die Ausfälle der Firmenfahrzeuge hinnehmen, da sie sich die meiste

Zeit in den Werkstätten befanden, sondern auch noch die hohen Kosten erwirtschaften.

Das gleiche Spiel ergab sich bei seinem Geschäft. Der Umsatz sah auf den ersten Blick relativ gut aus, doch es passierten ständig, wie von unsichtbaren Fäden gezogen, die unglaublichsten Sachen, die man sich nur vorstellen kann.

Als besagter Unternehmer einen Auftrag bekam, den er ausführen sollte, wurde sein Arbeitsmaterial nicht rechtzeitig geliefert. Da sich dieser Auftrag auf ein bestimmtes Fertigstellungsdatum bezog, wurde dieser nicht rechtzeitig beendet. Das kostete den Unternehmer mehr, als er für den Auftrag bekommen hätte.

Unglücklicherweise kam es mit einem Kunden zu einer gerichtlichen Auseinandersetzung, weil der Kunde sich über die Leistung des Unternehmens beschwerte. Tatsächlich wurde der Unternehmer verurteilt und der Schaden war immens. Kurz darauf wurde sein bester Mitarbeiter von der Konkurrenz abgeworben und nahm die Stammkundenliste mit.

Es passierte eben ständig etwas Negatives. Man hätte meinen können, das Unternehmen wäre mit einem bösen Zauber belegt worden. Der Unternehmer selbst wunderte sich immer mehr, weil jeden Tag von Neuem so viele Dinge schieflliefen und er den Tag schon kommen sah, an dem er nicht mehr wusste, wie er die Rechnungen bezahlen sollte.

Ausgerechnet eine Kundschaft machte ihn mit der Raumharmonisierung bekannt, die er sich dann auch leistete. Das war dringend nötig, denn noch länger hätte er diesen Zustand nicht mehr ertragen können.

Wir setzten uns zusammen und ich erkundigte mich nach Details und Zusammenhängen seines Geschäfts, während der Unternehmer in gedrückter Haltung von den Vorfällen erzählte. Nach einiger Zeit waren mir die Zusammenhänge klar, und vorsichtig versuchte ich, sie zu erklären.»Das Geschäft steht unsichtbar mit der Energie des Konkurses in Verbindung und das ist das Einzige, wohin es will und was es kann. Die Aufgabe dieser Energie ist es, das Geschäft wieder in den Konkurs zu bringen.«

Der Unternehmer musste sich vor lauter Staunen über diese Erkenntnis am Schreibtisch festhalten. Aber immerhin kam ihm die Erklärung logisch vor. Doch ich besänftigte ihn und sagte:»Der Energie ist es im Grunde egal, wie sie ist. Sie ist so, wie man ihr den Stempel aufgedrückt hat. Sie ist weder schlecht noch gut. Sie ist einfach. Deshalb wollen wir die Energie jetzt nutzen, damit sie Ihnen dienen kann. Denn der Schwingung ist es schließlich egal, ob ein Mensch sie für sich oder gegen sich nutzt.«

Die Veränderungen blieben nicht aus. Die Autos, die gereinigt und mit höherer Energie versehen wurden, liefen von da ab ohne Reparaturen, außer den normalen Wartungsarbeiten. Es war fast unglaublich, doch all der Werkstättenstress gehörte einer vergangenen Zeit an. Nur mit einer einmaligen Energieerhöhung war es auch hier nicht getan. Anfänglich wiederholte ich es mehrere Male und später überprüfte ich in regelmäßigen Abständen, dass nun tatsächlich eine höhere Schwingung eingezogen war und das Unternehmen umschloss.

Nicht nur die internen Probleme verschwanden, auch schwierige Kunden machten einen Bogen um das Unternehmen, denn sie passten nicht länger. Zu beobachten war, dass es doch tatsächlich Menschen gibt, die mit einem friedlichen Einkauf nichts anfangen können, die einfach nicht glücklich sind, wenn die negative Aktion fehlt.

Dem Unternehmer blieb dieses Klientel von da an fern, was er im täglichen Ablauf gar nicht zu bemerken schien. Aufmerksam wurde er erst, als ihm ein befreundeter Jungunternehmer von ähnlichen Schwierigkeiten, die er hinter sich hatte, erzählte. Da nahm er ihn beiseite und forderte ihn im beschwörenden Ton auf, wirklich keine Sekunde mehr zu zögern und den Experten zu holen, um sein Unternehmen gründlich energetisch zu reinigen und einer höheren Energie zuzuführen.

Das gleiche Energieproblem besteht bei Immobilienversteigerungen. Das heißt nun nicht, dass man ab jetzt solche Objekte nicht mehr erwerben sollte, aber sie sollten grundsätzlich einer Reinigung unterzogen werden. Dadurch kann man sich viel Ärger mit seinem neu erworbenen Objekt ersparen.

Gleiches gilt für einen Hauskauf, wo die Besitzer verstorben sind – oder, sogar noch eine Stufe krasser, wenn sich dort jemand umgebracht hat oder wurde. Es gibt unzählige solcher Geschichten, die die unmittelbare Nachbarschaft meist wortfreudig weitergibt. Man braucht sich nur umzuhören, was sich auf dem Grundstück oder im Haus alles abgespielt hat, und dann weiß man Bescheid.

Viele dieser Hausbesitzer sind tatsächlich im Glauben, mit einer aus ebensolchen Gründen schwer verkäuflichen Immobilie gerade in den Besitz eines Schnäppchenobjekts gekommen zu sein. Dass sich dieses tolle Schnäppchen aber alles andere als günstig erweist, sorgt oft für einen raschen Weiterverkauf.

Sensible Menschen spüren die energetischen Linien von Verstorbenen. Sie waren dort zu Hause und »sehen« auch nach ihrem körperlichen Tod es oft noch als ihr Zuhause an. Wenn ein gewaltsamer Tod, auch aus eigener Hand vorliegt, dann sind die Energien noch dunkler. Sie zwingen den nachfolgenden Bewohnern die Dunkelenergien auf.

In früheren Epochen wurden die Räume gereinigt, wenn Hausbewohner verstarben. Im festen Brauchtum waren Räucherungen mit frischen oder getrockneten Kräutern, Harzen und Pflanzenteilen verankert. Diese Rituale hatten auch eine sinnerfüllende Wirkung, indem die Angehörigen sich vom Verstorbenen verabschieden konnten. Da wir in unserer heutigen Zeit den Tod aus unserem Leben verbannen und nur noch in Aufbahrungshallen dulden wollen, verlieren wir den Kontakt des Abschieds nehmens. Dies wäre aber ein wichtiger und gehaltvoller Prozess unseres Lebens und ein notwendiger respektvoller Umgang mit dem Verstorbenen. Zudem kann dieses Ausräuchern der Räume nach einem Todesfall weitgehend verhindern, dass sich dunkle Energie festsetzen kann.

Seit ein paar Jahrzehnten haben wir das Wissen über das Räuchern plötzlich neu entdeckt. Ich kann mich selber nicht daran erinnern, jemals irgendjemanden in unserer Familie mit einem Räuchergefäß gesehen zu haben und trotzdem kommt mir das Räuchern so vertraut vor, als wäre es tatsächlich das Natürlichste auf der Welt und als hätte ich es von Kind auf schon getan.

Über das Räuchern sind schon viele Bücher geschrieben worden, denn es handelt sich nicht nur um das Verheizen eines Pflanzenteils, sondern auch um die Entfaltung des Pflanzengeistes. Dazu gibt es unterschiedlichste Kräuter. Allein in den heimischen Bereichen wachsen unzählige Pflanzen, die man für diese Zwecke ehrfurchtsvoll verwenden darf.

Raumharmonisierung bei öfterem Besitzerwechsel

Wie woanders auch, gibt es viele Geschichten die bei fehlendem Interesse sofort wieder vergessen werden. So auch in unserer Familie. Es handelt sich um ein wunderbares Grundstück auf dem ein uraltes Bauernhaus steht, das unentwegt den Besitzer wechselt. Das veranlasste zu allerlei Vermutungen.

Lange Zeit interessierte ich mich nicht für den ständigen Besitzwechsel. Erst als mich die Raum- und Grundstücksreinigung zu faszinieren begann, da entwickelte ich ein feineres Gespür für so manch ungelösten Fall.

Nun, es handelte sich um einen Bauernhof, der unrechtmäßig, wenn man das so nennen möchte, in den Besitz des Erben kam. Dazu gab es eine lange Geschichte, die man sich unter vorgehaltener Hand erzählt, denn der rechtmäßige Erbe verstarb auf fast mysteriöse Art. Das gesamte bäuerliche Gut, zu dem nicht nur das Haus gehört, sondern auch Äcker und Wälder, wurde vom Erben, der als zweite Wahl zur Verfügung stand in den Besitz genommen. Dieser wiederum verkaufte so schnell er konnte seine Erbschaft, da er nicht im Sinn hatte sie zu bewirtschaften. Er wollte sich mit dem Geld zur Ruhe setzen und sein Leben in vollen Zügen genießen. Doch es kam anders, als gedacht. Er wurde schwer krank und es verblieb ihm nur noch eine kurze Lebenszeit.

Die bäuerliche Wirtschaft wurde von dem neuen Besitzer kurz bewirtschaftet und gleich wieder verkauft. So ging das einige Male weiter. Es kam ein neuer Käufer und aus unerklärlichen Gründen wollte dieser den Besitz schnell wieder loswerden. Inzwischen war mir klar, dass diese »Geschichte« enge Zusammenhänge mit einer neagativen Energie aufwies.

Eines Tages führte mich mein Weg an dem besagten Haus vorbei. Ich hielt inne und staunte über die herrliche Aussicht ins Land hinein, doch mir fiel sofort die eigenartige dunkle Energie auf. Obwohl die Sonne schien, schnürte sich in mir alles zusammen und die Kälte war deutlich zu spüren.

Unverhofft trat das neue Besitzerpaar aus dem Haus. Doch bereits nach kurzen Worten über Wetter und Wohlbefinden kamen sie auf ihr Problem mit dem Haus zu sprechen. Sie erzählten, dass sie voller Freude über den Kauf dieses Ojekts gewesen waren, doch nun sei sie ihnen gründlichst vergangen. Wohin sie auch sahen, überall gab es nur Probleme. Sie hatten vorgehabt, das Haus umzubauen und neu zu gestalten, doch die Pläne dafür wurden nicht genehmigt. Dazu gab es jetzt schon Nachbarschaftsstreitigkeiten wegen der Grundstücksgrenzen. Beide waren sich darin einig, dass sie sich mit dem Objekt nur Probleme aufgehalst haben.

Im weiteren Gesprächslauf ergaben sich gemeinsame Interessen wie Pilates, Tai Chi und Yoga. Im Zuge dessen erzählte ich dann von meiner Arbeit mit energetischen, spirituellen Praktiken, was meine Gesprächspartner gleich dazu veranlasste, mich zu fragen, ob da nicht was zu machen sei. Ehrlich gesagt, wollte ich das gar nicht! Vermutlich war ich aufgrund der Geschichten, die sich um Haus und Gründstück rankten, selber negativ eingestimmt. Doch letztendlich wurde es zum Auftrag für eine Reinigung. Es war das erste Mal, dass ich mit verstorbenen Seelen konfrontiert wurde. Sie waren der Hauptgrund für die ständigen Probleme. Sie konnten einfach nicht von ihrem Besitz loslassen, solange es nicht zu einer Harmonisierung kam.

Solche Dinge klingen fast haarsträubend, doch es gibt sie öfter als man annimmt. Wenn diese Verstorbenen dann zu ihrer Ruhe kommen und damit ihren Weg fortsetzen können, ist das für alle Beteiligten eine unglaubliche Befreiung.

So war es auch. Wie von Zauberhand lösten sich alle Probleme auf. Das Haus wurde um- und angebaut und die Besitzer fühlen sich nun wohl. Auch die Nachbarschaftsstreitigkeiten ebbten ab und Wohlwollen kehrte ein.

Wahrscheinlich gibt es mehr als genug solcher alter Grundstücke und Häuser mit langen, oft traurigen Familiengeschichten, die Probleme machen weil sie auf ihre Auflösung warten.

Erhöhung der Raumenergie als Verbesserung der Lebensqualität in privaten Räumen

In den Räumen, in denen wir uns am meisten aufhalten, wir uns vom Arbeitsalltag erholen oder uns entspannen, in denen wir zur Ruhe kommen und Kraft tanken, braucht man einfach eine tolle hohe Raumenergie. Denn wenn diese Energie fließt, gelingt vieles wie von selbst. Kreativität ist dann unsere Selbstverständlichkeit; Liebe und Leichtigkeit sind unser natürlicher Seinszustand und tiefer Seelenfriede ist unsere wahre Präsenz. Unsere Raum- und Seelenenergie lädt auch die richtigen Menschen in unser Leben ein. Das sollten wir am Rande erwähnt auch nicht vergessen.

Zum Thema Partnerschaft sei kurz noch gesagt, dass es grundsätzlich einmal von großer Wichtigkeit ist, sein eigenes Energiefeld zu erhöhen. Dass sofort der ersehnte Partner ins Leben tritt, dafür kann niemand garantieren. Wir wissen alle, dass unsere Seele ganz sicher den richtigen Zeitpunkt dafür wählt. Den kann sie um so besser wählen, wenn wir die negativen blockierenden Energien aus unserem Leben ausgeladen haben. Warum sollten wir uns auch damit umgeben? Brauchen wir das noch, einen Partner in unser Leben zu ziehen, der den Job hat, auf die negativen Aspekte hinzuweisen? Mit Sicherheit nicht, würde ich sagen.

Ich weiß, wir leben in einer Zeit, in der es als absolut

uncool gilt, keinen Partner vorweisen zu können. Deshalb können wir, wenn wir bereit sind, uns selbst genau anzusehen, uns auch ertappen, wie sehr wir daran interessiert sind, die Umwelt glauben zu lassen, dass wir sexuell unendlich attraktiv sind. Unser Ego feiert dann seine Glanzzeit, doch unsere Seele ist dafür gar nicht zugänglich. Sie allein weiß, wann der richtige Zeitpunkt gekommen ist, um unsere Liebe mit einem anderen zu teilen.

Aber die vordergründige Frage lautet: Geben wir uns selbst genügend Liebe? Sind wir randvoll damit gefüllt, sodass wir einen anderen lieben können, oder wollen wir nur eine Beziehung, weil wir die Liebe so sehr vermissen? Wollen wir sie von einem anderen bekommen? Wir sollten uns dessen sicher sein, dass wir aus Liebe bestehen. Den Weg dorthin zu finden, die Illusionen zu durchbrechen und ganz klar zu erkennen, dass wir voller Liebe sind, bringt uns um Lichtjahre schneller zu unserer ersehnten Partnerschaft.

Tipp: Dazu gibt es dann eine Extraintention für die Partnerschaft.

Nun beginnen wir mit der grundsätzlichen Raumreinigung, die für alle Räume die gleiche ist. Ob es sich um private oder um Geschäftsräume handelt, die Reinigung ist immer die gleiche.

Übrigens, die folgende Reinigung kann man nur im Geist durchführen, wenn man die Räume kennt oder einen Plan vor sich liegen hat. Wichtig dabei ist, voll konzentriert zu bleiben. Deshalb ist es vielleicht am Anfang wirklich einfacher, durch den Raum zu schreiten und die Energien direkt zu spüren. Mit etwas Übung spürt man dann auch »nur« in Gedanken die Energien und kann sie auflösen.

Wie wird es gemacht?

Raumreinigung mit Licht
Wir begeben uns als Person zum Eingang und laden ein Licht zu uns ein, das uns begleitet. Wir stellen uns einen Lichtstrahl vor, der von oben vor uns hereinfällt. Wenn die Vorstellung dieses Lichts nicht auf Anhieb zu sehen ist, kann man es auch ansprechen: Bitte göttliches Licht begleite mich durch diese Räume! – Es wird erscheinen.

Machen Sie erst weiter, wenn Sie das Licht sehen.

Nun sehen Sie das Licht mit geschlossenen Augen vor sich, Sie spüren die Wärme, Sie nehmen die Helligkeit wahr. Dann lassen Sie das Licht sich ausdehnen, dass es den Raum mehr und mehr erfüllt. Schicken Sie es in jede Ecke, durch die Eingangstür. Wenn Sie dunkle Flecken oder Energiefetzen in einzelnen Ecken oder auf Wänden oder auch mitten im Raum wahrnehmen, schicken Sie doppelt so viel Licht dorthin. Sie stehen mitten im Licht und schicken es vor sich her. So durchschreiten Sie die Räume, einen nach dem anderen.

Jeweils bei der Begehung des nächsten Raumes beginnen Sie wieder mit dem Licht, mit dem Sie durch die Tür gehen und lassen Sie dann den Raum sich mit Licht ausfüllen, bis der ganze Raum von Licht erfüllt ist.

Erspüren Sie die dunklen Energien so lange, bis sie sich im Licht auflösen. Wenn Sie eine besonders dunkle hartnäckige (negative) Energie vor sich haben, die sich absolut nicht auflösen möchte, sprechen Sie sie in Gedanken oder auch laut an: Bitte verwandle dich in Licht! Jetzt! Danke! Das machen Sie mit völliger Bestimmtheit, also nicht zaghaft oder ängstlich, sonst wirkt das nicht.

Dann gehen Sie noch einmal den ganzen Raum bzw. die Wohnung durch, lassen alles im Licht erstrahlen und hören nicht eher auf, bevor Sie wissen, dass alles gereinigt ist und strahlt.

Sie persönlich müssen nicht wissen, um welche Energien es sich handelt oder welche Geschichten dahinterliegen, denn alles, was hier je gewesen ist, was passiert ist, fließt in dieses Licht ein, das es verwandelt.

In diesem Moment zählt die Vergangenheit nicht mehr, sie wurde sozusagen transformiert.

Wenn Sie das tiefe Gefühl haben, es vollbracht zu haben, dieses Wissen, das man eigentlich gar nicht in Worten beschreiben kann, dann erst ist für Sie der Reinigungsvorgang abgeschlossen.

Sollte es dennoch sein, dass Sie sich des Gefühls nicht erwehren können, das Licht wäre zu schwach für diese negative Energie, nichts bewege sich, das Dunkle bliebe fest verwurzelt bestehen und rühre sich nicht die Spur, dann machen Sie sich klar, dass Sie die Macht haben, hier Abhilfe zu schaffen.

Holen Sie einen Wasserfall von Licht, der bei der Haustür hereinbricht, durch alle Räume hindurchfegt und bei den Fenstern hinaustost. Lassen Sie diesen Wasserfall aus Licht so lange durch die Räume streben, bis Sie sicher sind, dass dem kein noch so negatives Fleckchen an Energie mehr standhalten konnte. Diesen Wasserfall aus Licht können Sie holen, wann immer Sie ihn brauchen. Am besten, Sie stellen sich gleich selbst darunter und werden mit geflutet von den Stürmen aus Licht.

Das »Auffüllen« mit dem Licht ist für mich eine Selbstverständlichkeit geworden. Aber keine Bange. Selbst wenn man Energie auflöst bzw. dunkle Energie entfernt, entsteht in diesem Sinne kein luftleerer Raum. Denn Raum kann gar nicht ungefüllt sein, er besteht immer aus Energie. Daher lasse ich alles im Licht erstrahlen, und dieses Erstrahlen ist wie ein Auffüllen.

Licht ist das Symbol für höchste Reinheit, Helligkeit und für das Unendliche. Sie können, wenn Sie wollen, die Räume in silbriges und goldenes Licht tauchen. Doch wichtig ist, dass Sie beim Licht bleiben. Bei mehreren Durchgängen können Sie mit verschiedenen Lichttönen experimentieren. Zum Abschluss jedoch muss der Raum in Licht gehüllt sein. Das ist das sichere Zeichen einer hohen Schwingung, die in die Räume eingezogen ist.

Wenn dieser erste Vorgang abgeschlossen ist, geht es gleich an die Grundstücksreinigung. Egal ob man in einem Haus wohnt oder im Hochhaus im letzten Stock. Man befindet sich auf einem Grundstück. Oft ist auch ein Garten oder Gartenteil dabei. Hier gehören auch Keller und Abstellräume dazu. Nun, diesen bitte auch mit reinigen.

Grundstückssreinigung

Dieser Vorgang gleicht dem der Raum- und Wohnungsreinigung. Sie beginnen am Grundstück und »durchgehen« die Erde, auf der das Haus steht, mit dem Lichtstrahl, der vor Ihnen herstrahlt. Dann wird das Licht immer größer und heller, bis es bis tief unter die Erde strahlt. Es strahlt alles weg, was je hier gewesen ist, bevor dieses Haus hier stand. Alles, was hier passiert und geschehen ist, strahlt dieses Licht weg. Der Licht-

strahl wird größer und größer und strahlt tief in die Erde hinab. Mit der ganzen Kraft des Lichts verwandelt sich die dunkle Erde in strahlende goldene Mineralien, die in den herrlichsten Farben schimmern. Schätze an Glück bringender Energie liegen hier verborgen.

Alles strahlt und glänzt und fühlt sich rein und hell und klar an. Dieses Gefühl nehmen Sie tief in sich auf. Und erst wenn Sie »wissen«, wenn Sie es bis in die letzte Zelle Ihres Körpers, bis in Ihre Seele fühlen, dass es nun so ist, dass nur noch reine Energie dort ist, dann verneigen Sie sich noch einmal vor dem Schatz an Energie, bedanken sich und verlassen den Ort.

Wenn sich hartnäckige dunkle Energien nicht so einfach lösen möchten, fordern Sie sie sehr bestimmend auf, sich ins Licht zu begeben. Wenn Sie sich als Herr und Schöpfer dieser Welt sehen und sich in einer hohen Energie befinden, dann hat Ihnen diese niedere Energie grundsätzlich zu folgen und sich dorthin zu begeben, wo Sie sie haben wollen. Das mag gerade am Anfang nicht immer ganz leicht gelingen, aber es gelingt.

Zusätzlich können Sie den Wasserfall aus Licht das Grundstück durchbrausen lassen.

Viele Menschen fürchten sich vor verlorenen oder verstorbenen Seelen. Gerade bei dieser energetischen Arbeit, so meinen sie, zeigen sich diese in Schreckensgestalt. Nur keine Angst, es zeigt sich grundsätzlich nichts, was man nicht sehen möchte! Wenn Sie keine Energien der Verstorbenen sehen möchten, dann lassen Sie es das Licht wissen. Sagen Sie klar und deutlich:»Ich will nicht wissen, was für furchtbare Dinge hier geschehen sind, ich will sie nur transformiert haben.« Und genau das passiert dann auch. Manche Menschen sind neugierig, wollen alles wissen und auch die Geschichten zu den Verstorbenen haben, doch für eine Raumreinigung ist dies nicht zwingend und oft nicht gut, weil der Mensch sich dann wieder mit schrecklichen Geschichten befassen könnte. Das würde den Geist verwirren und die Seele belasten.

Es gibt Räume, von denen man weiß, dass hier jemand verstorben ist. Wenn hier eine Restenergie der Seele schwebt, kann man sie direkt ansprechen:»Bitte geh ins Licht! Jetzt! Danke!« Man wendet sich nur an die Energie selbst. Das blockiert die Angst im Hintergrund, mit einem Verstorbenen zu kommunizieren. Denn jede Art von Angst ist hier wirklich nicht hilfreich. Mit schlotternden Knien eine Raumreinigung durchzuführen und sich vor den dunklen Energien zu fürchten ist äußerst kontraproduktiv.

Das führt zu den Schauergeschichten, in denen Menschen selbst diese negativen Energien aufnehmen. Das ist nun einmal nichts für labile, psychisch instabile Personen. Aber aus irgendwelchen Gründen wollen gerade diese mit dem Dunklen, dem Unbekannten Kontakt aufnehmen.

Also noch einmal kurz zusammengefasst: Wer Angst hat und sich fürchtet oder tatsächlich glaubt, von so einer Energie überwältigt werden zu können, dem ist dringend und warnend anzuraten: Finger weg! Sollte man jedoch mitten in der Reinigung stecken und in eine angstvolle Energie geraten, dann sofort ein Licht zu Hilfe herbeirufen. Am besten über einen Engel oder seinen eigenen Schutzengel! Und das bitte sehr bestimmend!

Sollte sich eine Reinigung mit dem Licht als äußerst hartnäckig erweisen, zum Beispiel, wenn sich eine bestimmte, festgesetzte negative Energie nicht auflösen lassen will, auch dann bitte einen Engel hinzurufen. Engel kommen sofort, und ohne zu zögern, an unsere Seite, doch wie wir wissen, greifen sie nicht ungefragt ein. Man muss sie herbeibitten und dann helfen sie gerne.

Auch wird es immer beliebter mit Engeln zu arbeiten – und auch ich tue das oft und gerne, allen voran mit Erzengel Michael. Mittlerweile sind wir ein unzertrennliches Team geworden. Wie oft er mir schon geholfen hat, mich sicher geführt und mich geleitet hat, ich kann es nicht in Worte fassen. Meine Wege, wohin sie mich auch führen, sind stets von Engeln begleitet, aber das war nicht immer so. Warum? Durch unsere allgemein zunehmende Bewusstheit können Engel jetzt leichter in unser Leben treten. Wir, und damit meine ich uns alle, wussten schon immer, dass Engel da waren, dennoch konnten wir eine lange Zeit keinen wirklichen Kontakt zu ihnen aufbauen. Doch Geduld lohnt sich in solchen Dingen. Aber mit zunehmendem Energieanstieg ergibt sich die Zusammenarbeit mit den Engeln wie von selbst.

Meine eigene Erfahrung ist, dass Engel tatsächlich für uns da sind, um uns zu helfen und uns zu heilen, jedoch, wie schon gesagt, wir müssen sie darum bitten. Wie sie das tun, darüber könnte ich Hunderte Geschichten erzählen. Zudem habe ich sehr oft erlebt, dass mir die Engel bei tiefsten Verletzungen zu Einsichten und Transformationen verholfen haben, zu denen ich allein gewiss nicht in der Lage gewesen wäre. Wer mit Engeln arbeitet, wird auch wissen, dass dies eine ganz eigene Sache ist, die man einfach nur als engelhaft bezeichnen kann. Oft denkt man sich vielleicht: »*Was soll denn das jetzt werden?*«

Es gilt darauf zu vertrauen. Vertrauen in die Engel lohnt sich immer. Es tun sich dann Dinge auf, die man rational gesehen gar nicht erklären kann.

Raumharmonisierung mit Engel

Bei einer Raumharmonisierung gehen Sie hier gleich vor wie mit dem Licht. Dazu rufen Sie einen Engel herbei und bitten Sie ihn die Räume für Sie zu reinigen. Wieder breitet sich ein Lichtstrahl aus, der nun von dem Engel ausgeht, der heller, klarer und reiner wird, bis der Raum erfüllt ist. Dabei schwebt sozusagen der Engel mit dem Licht durch den Raum, geht durch die Räume hindurch und segnet sie mit dem Licht. Wenn sich dunklere Energien zeigen, können Sie mit dem Engel kommunizieren. Das funktioniert sogar auf nonverbale Art. Der Engel kann Ihnen zeigen, wie er noch mehr Licht herbeizaubert oder ein Lichtschwert zieht und die Energie verwandelt. Oder der Engel holt den Wasserfall aus Licht, oder er holt Sternenlicht oder kosmisches Licht, mit dem er die Räume reinigt. Das alles kommt bei Engeln schon vor.

Auch hier gilt, erst wenn Sie das Bewusstsein haben, dass alle Räume komplett gereinigt sind, gibt der Engel meist ein Zeichen, ein Nicken oder Lächeln oder einen Flügelschlag, und dann ist der Raum erfüllt mit lichtvoller Energie.

Das Arbeiten mit den Engeln ist so einzigartig, weil es uns der Realität enthebt und ein Stück mehr ins Vertrauen trägt. Denn gar zu oft sind wir nicht in der Lage, eine bestimmte Angelegenheit mit unserem Verstand zu erfassen, und können daher nur raten, wie es ausgehen wird. Das macht uns unsicher und wir verlieren die Perspektive. Möglicherweise einer der Gründe, warum sich so viele Menschen mit Engeln beschäftigen, denn oft werden sie mit Angelegenheiten konfrontiert, in denen sie selber nicht weiterwissen. Es versteht sich von selbst, da kommen Engel wie gerufen, denn sie wissen von ihrer Position aus immer, wie es mit uns weitergeht. Zumindest darauf können wir vertrauen.

Mit einem eigenen Beispiel möchte ich Ihnen meine innige Beziehung mit meinem Engel schildern, dem ich voll vertraue.

Seit vielen Jahren, schon bevor ich Hausreinigungen machte, beschäftigte ich mich mit Engeln. Bei oder nach besonderen Anlässen führe ich bei mir zu Hause mithilfe meiner Engel eine Raumreinigung durch.

Und dies war nun so ein besonderer Anlass. Seit geraumer Zeit lebte ich allein und wollte unbedingt einen Partner in meinem Leben haben. Als ich das mit meinen Engeln besprach und eine Raumreinigung plante, gab es nur einen Grund für die Reinigung: Ein neuer Partner müsse her.

Bei der Raumharmonisierung blieb ich an schwarzen Energielöchern »hängen«. Einen um den anderen Engel rief ich herbei, doch niemand löste das Problem. Es handelte sich um die Gegend des Bücherregals. Nun besprach ich mich mit meinem Hauptengel und bekam immer wieder nur das Wort »Vertrauen«, und es zog mich in eine bestimmte Richtung. Daraufhin durchsuchte ich dieses eine Regal und fand tatsächlich noch zwei Bücher von meinem Exfreund. Prompt hatte ich das nächste Ärgernis. Das Schlimme daran war, dass ich mich über mich selbst ärgerte, weil ich ihm die Bücher nicht zurückgegeben hatte. Egal, was ich tat, es saß fest, es gelang mir nicht wirklich, den Ärger aufzulösen.

Der Engel, so schien es mir, bereitete mich gerade auf etwas vor, denn jedes Mal wenn ich ihn ansprach, die dunklen Energien zu lösen, sah ich einen Flügelschlag.

Gut eine Woche später läutete das Mobiltelefon und mein Exfreund meldete sich. Ich fiel fast aus allen Wolken, da ich monatelang nichts mehr von ihm gehört hatte. Er schlug ein Treffen vor, weil er noch ein paar Sachen von mir gefunden hatte, die er mir zurückgeben wollte. Überraschenderweise sagte ich zu, war mir dann aber nicht mehr sicher, ob ich überhaupt zu dem Treffen gehen sollte. Völlig daneben saß ich auf dem Sofa und schlug mir auf die Stirn. Wie konnte ich mir so etwas nur antun? Ich hatte mir doch geschworen, ihn nie wieder zu treffen.

Da ich nicht mehr wusste, was richtig oder falsch ist, befragte ich den Engel zu dem Thema, und der zeigte sich mit dem Treffen eindeutig einverstanden. Durch die *liebevolle Schwingung und das Vertrauen, das ich ihm entgegenbringe, beruhigte ich mich wieder, denn ich würde ja ohnehin keinen einzigen Schritt ohne den Engel unternehmen.* Genauso war es dann auch, der Engel geleitete mich zu dem Treffen. Mit meinem Expartner wurden die zurückgelassenen Dinge ausgetauscht und wir sprachen über Belanglosigkeiten. Danach atmete ich erleichtert auf und meinte, dies wäre nun abgeschlossen, da ich von einem Partner doch mehr Tiefgang erwartete.

»Und das war es jetzt?«, fragte ich auf dem Nachhauseweg den Engel. »Das hätte ich auch ohne dich gewusst!« Doch der Engel fächerte wieder mit dem Flügel.

Am nächsten Tag wurde ich von einer unglaublichen Traurigkeit überfallen. Ich zermarterte mir das Gehirn, was es mit dieser depressiven Stimmung auf sich hatte. Da sah ich den Engel vor mir und blitzschnell wurde mir bewusst, um was es hier eigentlich ging. Klar, ich war deswegen so traurig, weil ich mir die Zeit, die ich mit meinem Exfreund vertan hatte, nicht verzeihen konnte. Doch diese Erkenntnis reichte nicht. Ich heulte die halbe Nacht und machte mir die größten Vorwürfe, dass ich mich ausgerechnet in diesen Mann verliebt hatte. Die alten Schuldgefühle brachen hervor, gepaart mit den schmerzlichen Augenblicken des Scheiterns. Es galt, ob ich es wollte oder nicht, mich der Situation zu stellen.

Doch nach all den Tränen blitzte so etwas wie Hoffnung hervor. Und nach einigen Tagen, als die Trauer aus meinem Leben wieder verschwand, so wie sie eingezogen war, lichtete sich mein Gemüt. Die Sache mit meinem Exfreund war jetzt tatsächlich ausgestanden. Ich merkte es daran, dass ich nie wieder ärgerlich an ihn dachte und ihm sogar das Beste wünschte. Jetzt endlich unwiderruflich: Ich war frei.

Als ich mich danach wieder an die Raumreinigung machte, lösten sich die negativen Energien leicht und fast zärtlich auf und schimmerten in goldenem Licht. Der Raum war nun ebenso befreit wie ich.

Hinter alldem stand mein Engel, dem ich zutiefst dankte, weil er mir auf unglaubliche Art geholfen hat, die letzten schmerzhaften Reste meiner Seele zu transformieren.

Kurze Zeit später lernte ich einen neuen Partner kennen, natürlich in Geleitschaft meines Engels.

Intention an die gereinigten Räume

Wenn die Räume gereinigt sind, werden sie mit einer Intention versehen. Dies ist eine Absicht, die in den Raum hineingeben wird. Diese Absicht kann laut ausgesprochen oder in Gedanken geformt werden. Das Wichtigste hierbei ist: die absolute Absicht. Das heißt, wenn es sich um die Intention Freude handelt, dann wird Freude mit der ganzen Energie, die Freude in sich birgt, in den Raum hineingegeben.

Meine persönlichen Erfahrungswerte sind, so lange in der Freude zu verharren, bis der Raum vor Freude und Liebe strahlt. Diese Freude »lege« ich in Gedanken und auch mit Worten in den Raum. Dieser ist dann mit der Intention versehen. Danach besiegele ich die Intention mit einem klaren »Ja« und nun ist die Freude spürbar.

Sollte die Energie, aus welchem Grund auch immer einbrechen, weil es z.B. Streit gibt, der von außen hereingetragen wird, ist man ganz schnell in der Lage, diesen Zustand der Freude zurückzuerlangen. Dazu muss man sich nur an die Intention der Freude erinnern. Dadurch passt sich die Energie rasch wieder dem vorherigen hohen Zustand an. Man spürt es förmlich, wie schnell sich die Raumenergie in Richtung Freude bewegt. Das ist der natürliche Zustand, der durch die Intention geschaffen wurde.

Nachdem die Räume gereinigt sind, beginnen wir die Absicht festzulegen. Fangen Sie doch gleich beim Eingang an und legen Sie die Absicht fest, nur freundlich gesinnte Menschen durch die Tür hereinzulassen, vielleicht auch, wenn es sein soll, den heiß ersehnten Partner hereinzubitten.

Legen Sie grundsätzlich die Schwingungen Liebe, Segnung und Harmonie in die Räume. Wenn es erwünscht ist, Hilfe und Unterstützung in dieser Inkarnation. Möglich wäre, im Wohnzimmer in der Leseecke die Energie der Wahrnehmung und Verinnerlichung von Seelenweisheiten zu integrieren.

Oder im Kinderzimmer den Mut und die Kraft zu einer starken Entwicklung, die dazu beiträgt, die Welt zu verändern.

Im Schlafzimmer besteht die Möglichkeit, die Absicht für tiefe Erholung aus Träumen zu lernen und durch den Schlaf gesund und jung zu werden, zu installieren. Man könnte auch die Schwingung der allumfassenden Liebe zum Partner integrieren oder Vereinigung in Liebe hineingeben.

In eine Küche gehört allen voran Dankbarkeit als Absicht für gesunde Nahrungsmittel und die Gesundheit von Körper, Geist und Seele. Viele verschiedene Absichten sind je nach Wunsch möglich.

Nachdem die Räume gereinigt worden und mit hoffnungsvollen Absichten versehen sind, wenden wir uns der ganz pragmatischen Seite des Lebens zu. Es versteht sich von selbst, dass gereinigte, saubere und klare Energien sich in sauber aufgeräumten Räumen besser halten. So ist es nicht weiter verwunderlich, dass man von verschiedenen Seiten der Raumreiniger und Alltagspsychologen immer wieder auf das physische Putzen angesprochen wird. Da heißt es: Wohnungen sollen aufgeräumt und sauber sein. Das stimmt natürlich. Vor allem auch die verborgenen Kellerräume, oder die geschlossenen Kästen sollten ein Ordnungssystem haben. Ich stimme dem vollkommen zu.

Doch meiner Meinung nach ist ein sauberes, aufgeräumtes Haus noch lange kein Garant für reine positive Energien. Persönlich kenne ich Menschen, bei denen die Wohnung blitzblank geputzt ist und trotzdem die Raumenergie zu wünschen übrig lässt.

Nur putzen allein bringt nun einmal nicht das gewünschte Ergebnis. Und Menschen, die fast manisch besessen putzen, leiden oft unter der unterbewussten Ausprägung, damit ihre Seele zu reinigen. Also würde ich da zu allererst mit einer Reinigung und Energieerhöhung der Seele beginnen. Das wäre vermutlich der schnellste Weg, den Schmutz von der Seele zu lösen.

Noch eine kurze Bemerkung zu den Nachbarn. Wir sollen grundsätzlich andere Menschen nicht missionarisch harmonisieren und auch nicht deren Wohnräume. Dabei könnte man sich eine geistige Ohrfeige, wie das so schön in unserer Sprache heißt, einfangen.

Bitte lassen Sie die anderen in Ruhe, und wenn Sie meinen, da müsste man mal dringend etwas tun, oder Ihr Helferbedürfnis attackiert Sie, so reden Sie mit den

Nachbarn und bieten es an. Das ist aber auch schon alles, was Sie tun können.

Jeder, und wirklich jeder, muss es von sich aus wollen!

Es macht einfach keinen Sinn, wenn man lästige Nachbarn ungebeten mit einer Portion Raumreinigung durchflutet. Sie werden deshalb nicht weniger nerven. Außerdem fällt diese Vorgehensweise strikt unter Manipulation. Wir können und dürfen nicht mit einer Technik, die wir beherrschen, andere Menschen dazu bringen, nach unserem Willen zu tanzen.

Unsere Aufgabe ist es, an uns selbst zu arbeiten.

Wann ist eine Erhöhung der Raum-
energie in Geschäfts- oder privaten
Arbeitsräumen notwendig?

Geschäftsräume zu reinigen, daran denkt kaum jemand.
Daher sind sie momentan noch unsere absoluten energetischen Stiefkinder. Sie bleiben – wieso auch immer –
einfach auf der Strecke. Dabei wäre gerade hier enor-
mer Aufholbedarf von dringender Natur. Meistens lässt
die Energie in Geschäftsräumen derart zu wünschen übrig, dass man fast die Hände über dem Kopf zusam-
menschlagen muss, wenn man wieder einmal einen derartigen Raum betritt, der vollgefüllt mit Negativitäten ist.

Zu Geschäftsräumen zähle ich aber nicht nur Ge-
schäftslokale, in denen verkauft wird, sondern auch Büro-
räume, Zahnarzt- und Arztpraxen. Dazu gehören auch
alle öffentlichen Institutionen, wo tatsächlich aus nicht
unerklärlichen Gründen so manchem schlecht wird, wenn
er diese Räume betritt.

Nun teile ich mit Ihnen eine eigene Erfahrung, die mir
die Möglichkeit zum Lernen bot:
*Ich selber habe in einem Geschäft gearbeitet, des-
sen Energie so furchtbar war, dass ich ernsthaft darüber
nachdachte, eine heimliche Reinigung vorzunehmen, weil*

es fast nicht auszuhalten war. Noch dazu waren die Kunden unerträglich schwierig, die Kollegen feindselig. Irgendwie passte das Ganze nicht zusammen. In der Chefetage hatte man andere Probleme als eine Raumreinigung, viel weitreichendere, nämlich finanzielle. Damit passte es wieder gut zusammen. Die unerträglich schlechte Energie, die ständigen Streitereien, die nörgelnden Kunden. Außerdem war die Arbeit dort einfach erschöpfend.

Warum ich das hier schreibe, hat einen ganz deutlichen Grund. Ich möchte mit einem Beispiel darlegen, wie man sich mit schlechter Raumenergie fühlt. Was es für Auswirkungen hat. Vielleicht erkennt sich der eine oder andere darin wieder. Wir sprechen hier von Energie, die nicht wirklich greifbar ist. Aber wenn man die Zustände beschreibt, die in Räumen mit negativer Energie herrschen, dann fällt es vielleicht leichter, sich damit auseinanderzusetzen, sich selbst darin wiederzuerkennen. Und genau so etwas findet man in solchen Räumen vor, die eine hässlich durchtränkte dunkle Energie haben.

Schwermut, unergründliche Traurigkeit, Müdigkeit, Sinnlosigkeit, Leere, aber auch Aggressivität, Mobbing oder Rechthaberei sind einige solcher Attribute von negativen Räumen.

Die Auswirkungen kenne ich nur zu gut, denn jeden Morgen bin ich gut gelaunt im Geschäft aufgetaucht,

111

war voll ausgeschlafen und voller Tatendrang, und plötzlich am Vormittag war meine ganze Energie aufgebraucht. Ich war ausgelaugt und fühlte eine innere Leere, die mich fast erschreckte. Ständig kreisten Gedanken in meinem Kopf, was ich hier eigentlich machte? Und es kam noch schlimmer: dass alles keinen Sinn hätte, nicht nur die Arbeit, sondern das ganze Leben. Nun, damals war ich gerade am Anfang der Raumreinigung. Und das war eine herausfordernde Situation, um sich mit dem Thema in dieser Form näher zu befassen.

Ausschlaggebend waren auch die ähnlichen Äußerungen der Kollegen. Da wurde von der Sinnlosigkeit in dieser Arbeit geredet und im Leben überhaupt, bis mir sprichwörtlich gesehen ein Licht aufging. Bis dahin hatte ich diese gesamten Probleme auf mich selbst geschoben. Hatte an meiner Energie gearbeitet, und dann erst sah ich mich mit der Raumenergie des Geschäfts konfrontiert. Warum ich nicht sofort darauf gekommen war, konnte ich mir nur damit erklären, dass ich mich bis dahin nur mit privaten Räumen befasst hatte. Dies war der Anfang.

Aber ab diesem Vorfall wusste ich, dass Geschäftsräume nicht mehr ausgelassen werden dürfen. Nun, wie endete die Geschichte? Da ich mir völlig unsicher war, was ich tun sollte, ob ich die Räume reinigen sollte oder nicht, fragte ich einmal oben in der geistigen Welt nach. Und ich bekam kein Okay. Es blieb alles stumm.

Wie gesagt, die Chefetage war schlussendlich auch nicht daran interessiert, also arbeitete ich weiter an meiner eigenen Energie, schützte mich mehr und segnete die Räume einfach. Eine absolute Reinigung wagte ich nicht vorzunehmen, sie hätte alles verändert. In diesem Betrieb waren aber private und geschäftliche Probleme derart vermischt, dass es zu weitreichenden Veränderungen gekommen wäre. Und es gibt Menschen, die dafür nicht offen sind, das sollte man auch akzeptieren. Ich habe wirklich eine Zeit lang gebraucht, bis ich begriff, ungefragt keine Raumreinigung vorzunehmen, bis später die Akzeptanz aufzubringen, es so sein zu lassen. Mit dieser Erkenntnis hatte sich meine Aufgabe dort auch erfüllt und es taten sich für mich neue Wege auf.

Nach wie vor bin ich davon überzeugt, dass es immer das Richtige ist, nichts ohne Einverständnis zu unternehmen. Wir können und dürfen nicht eingreifen, weil wir glauben, jetzt »reinigen« wir einmal das Haus, und dabei fallen Familien auseinander, gerade wenn sie ohnehin nicht stabil sind. Die Menschen wählen verschiedene Wege. Oft sind es Umwege, auf denen sie viel zu lange bei Problemen verweilen. Aber wir haben trotzdem kein Recht jemanden zu verurteilen, der diese Wege wählt. Es reicht völlig aus, wenn unser Mitgefühl, nicht

Mitleid – unser ehrliches Mitgefühl jemanden auf seinem recht schweren Weg begleitet.

Bei Geschäftsräumen beginnt man wieder mit einer Reinigung und darf auch nicht die Grundstücksreinigung vergessen. In Geschäften sollte man eine Reinigung tatsächlich öfter durchführen, denn dort treffen sich je nach Lage Massen von Menschen, die mit ihren mitgebrachten Energien auch auf den Geschäftsraum einwirken. Außerdem kommen noch Energien von Hast, Gier und Neid hinzu, die negativen Schattenenergien von Geschäften. Hier wäre es von unglaublicher Notwendigkeit Leichtigkeit, Freude, reinen und leichten Geldfluss zu integrieren. Aber auch Kundenzufriedenheit, Harmonie, Freude, die sie mit nach Hause nehmen. Eine entspannte Atmosphäre, die auf den Kunden wirkt.

Entsprechend unangenehm ist es, in manchen Ladengeschäften den Kunden mit aggressiver und schneller Musik zu beschallen. Dadurch will man vermutlich zu schnellen Kaufimpulsen anregen, was auch oft gelingt. Aber die Kunden kaufen dann aus vorschnellen, gierigen Entschlüssen und bereuen ihren Kauf später oft. Meiner Meinung nach ist dies kein gelungener Verkaufsabschluss. Hier handelt es sich um Übervorteilung des Kunden.

Andererseits lässt sich in manchen Modehäusern eine

Energie von schlichter, nobler Eleganz, die den Raum ausfüllt, fühlen – dies auch bei Schmuckgeschäften, wenn die Energie von Glanz und Strahlkraft vorhanden ist. Aber nichtsdestotrotz ist die Welt voll mit Geschäften, die all das nicht ausstrahlen.

Oft betritt man als Kunde ein Geschäftslokal, bemerkt die angestaubten Dekoobjekte und kann sich des ungepflegten Eindrucks nicht erwehren. In diesen Geschäften geht es nicht nur um die praktische Sauberkeit, obwohl diese auch wichtig ist. Allem voran fehlt hier die energetische Reinheit der Energie, die den Raum ausfüllt. Nun ein sensibler Mensch spürt es sofort, ob es sich um reine oder verschmutzte Energie handelt. Nicht bei jedem Kunden ist dieses Einfühlungsvermögen so komplett ausgeprägt, was auch verständlich ist, aber es fällt immer mehr ins Gewicht, da die Menschen von Tag zu Tag in ihrer Wahrnehmung sensibler werden.

Bei folgendem Auftreten sollten Sie an eine Energieerhöhung denken

Unverkäufliche Immobilien

Meist haftet hier noch die Energie von jemandem anderen und die Käufer fühlen sich abgestoßen. Oder es handelt sich um Häuser, in denen sich lange Familientragödien abgespielt haben. Davon gibt es mehr, als man glaubt. Unverkäufliche Immobilien können an den Nerven zehren, wie selten etwas Vergleichbares. Noch dazu zieht sich hier der Zeitraum meist über Jahre hin, in denen man nur mit Rückschlägen rechnen kann. Das ist aber gar nicht notwendig.

Hier kann mit einer Energieerhöhung durch eine Haus- und Grundstückreinigung rasch und unverzüglich gehandelt werden.

Versteigerungsobjekte

Wie schon erwähnt, die Gründe, warum es zu einer Versteigerung kommt, sind meist keine positiven. Es wäre aber notwendig zu wissen, auf was man sich da einlässt. Mit dem Erstehen eines solchen Objektes, wobei es sich nicht immer nur um Immobilien handelt, glaubt man ein Schnäppchen ergattert zu haben, das sich in Wahrheit meist als Problemkind entpuppt.

Hier sollte man dringend eine objektbezogene Haus- und Grundstückreinigung und Energieerhöhung durchführen, um sich an dem Schnäppchen zu freuen.

Konkursobjekte

Hier ist das Scheitern impliziert. Die Energie von Geldverlust, von Geld, das wie Sand durch die Finger rinnt, von unnatürlichen Geldausgaben muss dringend aufgelöst werden, wenn man im Leben erfolgreich sein möchte. Hier handelt es sich um eine heftige festgenagelte negative Energieform, die nicht anders kann, als ihre Opfer zu fordern. Wer nicht Herr der Lage ist und mit einer entschieden höheren Eigenenergie dagegen antritt, wird nicht umhinkommen, von der niedrigen Energie fest in Besitz genommen zu werden.

In der heutigen Wirtschaft ist es anhand vieler Spezialisten möglich, einen kaputten Betrieb wieder in Gang zu bringen oder zu sanieren. Dazu werden auf Managementebene neue Leute eingesetzt. Bei großen Unternehmen lässt es sich selbst als Außenstehender gut beobachten, dass ein neues Team, je nachdem, wie es arbeitet, bestehen oder nicht bestehen kann. Arbeitet es zum Beispiel mit einem hohen Maß an frischer Energie und kann sich diese über einen längeren Zeitraum halten, dann wird das Unternehmen bestehen bleiben. Aber oft wird es auch ein mühsames Prozedere, da wie aus heiterem Himmel noch mehr Probleme auftauchen. Schlussendlich wurde so manches zuerst unglaublich Erfolg versprechende Führungsteam in die Schranken des Scheiterns verwiesen. Das hat dann gar nichts mit den Personen zu tun, sondern die negative Energie war so stark präsent, dass sie das Vorankommen verhinderte. Dazu stelle man sich noch zusätzlich eine negative Energieladung vonseiten der Konkurrenz oder der gar nicht begeisterten übernommenen Angestellten mit ihren Familien vor. Dieser Energie ist dann nicht mehr standzuhalten und alle Bemühungen zu einem Aufschwung sind umsonst.

Nun, hier kann man sehr gut Abhilfe schaffen und das sollte man über eine Haus- und Grundstückreinigung mit einer Energieharmonisierung unbedingt auch tun.

Ungerechtfertigte negative Situationen
Sowie alle Beschuldigungen oder Verurteilungen von Menschen, wo man komplett unschuldig in das Gefecht gezogen wurde und ungerecht behandelt wird. Hier kann es sich um Familienstreitereien, um Erbstreitigkeiten oder auch Streitereien in einem Unternehmen handeln. Dieses Thema ist äußerst inhaltsreich, vor allem da es meist mit Kleinigkeiten beginnt, auf die am Anfang nicht geachtet wird. Doch schnell wachsen diese Kleinigkeiten an und man sieht sich dann größeren Problemen ge-

genüberstehen. Und nun kommt es Schlag auf Schlag. Das kann so weit gehen, dass nicht nur im Privatbereich immense Probleme auftauchen, sondern zugleich in der Firma, und vielleicht steht noch ein drittes Unglück an. Oder man befindet sich gleich in einer Kette solch unglücklicher Verhältnisse. Fassungslos steht man davor, denn man kann sich selbst nicht erklären, warum einem solche Sachen passieren. Nach kurzer Zeit fühlt man sich einer unglaublichen Ungerechtigkeit ausgesetzt, der man meist völlig ratlos gegenübersteht und nichts entgegenzusetzen hat. Darüber weiß ich nämlich aus eigener Erfahrung auch ziemlich gut Bescheid.

Und ich weiß, wie es ist, wenn diese Dinge im Leben überhaupt nicht mehr erscheinen. Wenn man von der Schatten- auf die Sonnenseite wechselt. Mit einer gut schwingenden Eigenenergie werden wir von solch negativen Situationen nicht einmal mehr gestreift. Sie haben keine Angriffsfläche, können bei uns sozusagen nicht landen. Deshalb ist es für jedermann wichtig in einer hohen Resonanz zu schwingen. Das Leben lebt sich um einiges leichter.

Hier bedarf es einer Erhöhung der Seelenenergie.

Gerichtliche Auseinandersetzungen

Es gibt sie – die ungerechten Gerichtsurteile. Man kann noch so sehr im Recht sein, das Gesetz scheint auf der Gegenseite zu stehen. Die Wahrheit kann in so einem Fall nicht durchdringen. Sie hat keine Chance. Wenn ein Mensch eine angreifbare Seelenhülle hat, dann kann man tatsächlich unschuldig zum Handkuss kommen.

Eine harmonische Auflösung der negativen Energien von einer Person oder mehreren Personen und auch des Verhandlungsinhalts sind in diesem Fall von dringender Notwendigkeit.

Hier bedarf es einer Erhöhung der Seelenenergie.

Nachbarschaftsstreitigkeiten

Sie sind ein grundsätzliches Problem von verdichteter niedriger Energie. Mit Nachbarn kann man nur streiten, wenn man sich selbst in dieser niedrigen Streitenergie befindet. Ein Schock für viele!

Die Lösung liegt auf der Hand. Man kann dieser niedrigen Energie erfolgreich entkommen, indem man sich eine höhere aneignet. Es gibt Situationen, wo man friedlich in ein neues Domizil einzieht, nichts Schlechtes im Sinn hat und plötzlich von den Nachbarn attackiert wird. Hier muss man nicht sofort die Flinte ins Korn werfen, oftmals passiert es mit einer Erhöhung der eigenen Energie, dass die Nachbarn Ruhe geben, sich ein anderes

»Opfer« suchen oder sogar selbst wegziehen. Das ist alles schon vorgekommen. Hier sollte mit einer Raum- und Grundstücksreinigung und zusätzlich mit einer Erhöhung der eigenen Seelenenergie gearbeitet werden.

Falsche Freunde

Davon kann ich selbst ein Lied singen, das viele Jahre in meinem Leben angedauert hat. Wieso zieht man aber schon gerade den allergrößten Idioten von Mann an? Wieso ausgerechnet die Frau, die einen nur ums Geld bringt? Wieso den falschen Geschäftspartner? Wieso den schlimmsten Chef aller Zeiten? Nun, das ist für viele wieder ein Schock, zumindest für mich war es einer. Man kann nur einen Idioten anziehen, wenn man selber etwas von dieser Idiotenenergie in sich hat. Ansonsten funktioniert es nicht.

Das Gleiche gilt mit falschen Freunden. Sie kommen nur, wenn man sich selbst irgendwo belügt. Meist weiß man es gar nicht und weist das strikt von sich. Doch leider ist es so. Schnell her mit einer Energieerhöhung! Das Einzige, das wirkt. Vielleicht tut sich gerade dann der Vorhang der Verborgenheit auf und man erkennt seine eigene Verstrickung, dazu kann ein einziger Augenblick schon reichen. Dann weiß man es, worum es geht und kann es verinnerlichen. Das ist echte Seelen-

heilung. Möglicherweise ist einfach die negative Energie weg und man braucht sich nie wieder um dieses Thema zu kümmern. Auch das ist Heilung.
Hier bedarf es einer Erhöhung der Seelenenergie.

Konkurrenzkampf, Mobbing

Es ist inzwischen zu einem heiklen Thema geworden, welches vielfach in der Öffentlichkeit diskutiert wird. Wir wissen es alle und doch stehen so viele, zumal wenn sie noch selbst betroffen sind, relativ hilflos davor. Doch ich bitte Sie, seien Sie nicht entsetzt, wenn ich jetzt behaupte: Mobbing widerfährt nur einer Person mit geringem Selbstbewusstsein und vor allem auch niedriger Energie. Besonders sind Kinder betroffen, die sich noch in der Entwicklungsphase befinden. Hier sprechen die Energetiker von einer löchrigen Aura. Das heißt, dieser Mensch hat keine starke Seelenhülle, keine stabile, gesunde energetische Form, die ihn umgibt. So dringen die negativen Gedanken, Gefühle und starken dominanten Machtansprüche von anderen Personen zu ihnen durch.

Allen Betroffenen sei gesagt, dass eine Opferhaltung überhaupt nichts bringt, sondern die Willkür nur noch verstärkt und das Energiefeld des Menschen dadurch immer löchriger wird. Bedauerlicherweise wird nicht ganz so viel unternommen, um den Opfern zu helfen. Heute ist es eher so, dass diesen Opfern viel Recht und Mitleid entgegengebracht wird. Doch das ist nicht Sinn der Sache, es sollte mehr daran gearbeitet werden, diese und andere Opferhaltungen zu verlassen. Und das schaffen wir auch mit einer eigenen Schwingungserhöhung. Hier bedarf es einer Erhöhung der Seelenenergie.

Konkurrenzdenken

Ein anderes Thema ist Konkurrenzdenken, nicht der offene Konkurrenzkampf. Konkurrenten können ihren Mitbewerb in Gedanken angreifen, ihnen den Niedergang und die Vernichtung wünschen. Wenn diese schlechten vernichtenden Wünsche sehr stark und wiederholt genug gedacht werden und die Energie des Angegriffenen dazu einlädt oder er schon vorher Anflüge von Existenzängsten hatte, so werden diese vernichtenden Gedanken auch tatsächlich wirken.

Hier bedarf es dringend einer Erhöhung der Seelenenergie.

Doch keine Bange, wenn Sie sich auf einem durchweg hohen Energieniveau befinden, können gedankliche Angreifer mit bösen Wünschen keinen Schaden anrichten. Das müssen wir uns klarmachen. Im besagten Fall tritt dann das Schwingungsgesetz ein und man merkt, wie die Feinde von einem abfallen.

Sexuelle Belästigung

Schon immer gab es sexuelle Belästigungen und Übergriffe. Doch früher wurden diese Dinge unter den Tisch gekehrt, heute wird darüber geredet und als Frau möchte man sich das nicht mehr gefallen lassen. Erstaunlich ist, wie viele Frauen auch heute noch sexuellen Belästigungen ausgesetzt sind, in denen es nicht um Späßchen allerlei Art geht. Diese Frauen leiden oft unter massiven Schlafstörungen und sind voller Verzweiflung, weil sie nicht wissen, wie sie den nächsten Tag über die Runden bringen sollen, da sie am Arbeitsplatz belästigt werden. Sie fühlen sich als Opfer, doch die Angst eines Opfers zieht nun einmal genau so jemanden in den Plan des Lebens. Das ist ja die Tragik, dass gerade geschwächte Menschen solche Situationen anziehen. Um nicht in dieser Tragik zu enden und in der Opferrolle sein weiteres Dasein zu fristen, wäre es schleunigst angebracht, zu reagieren. Wer sich einem Angreifer gegenübersieht, sollte in der Realität keine Angst zeigen und nicht zögern sofort einen Engel herbeizurufen. Und das so lange, bis man sich absolut sicher ist, dass nun Hilfe zuteil wird. Und auch in dem Fall ist die Arbeit an der Eigenenergie sowieso dringend notwendig.

Hier bedarf es einer Erhöhung der Seelenenergie.

Einbruch bei Lernerfolg, schulischen Leistungen oder ausbleibendem Arbeitserfolg

Kinder in der Schule, die gut und leicht gelernt haben und abrupt unter Misserfolg leiden, sind genauso betroffen wie Lernende in Ausbildungen und Studium, die lernen, aber das Gelernte nicht im Gehirn abspeichern können oder den Inhalt nicht wiedergeben können. Das Gleiche gilt für den Erfolg bei der Arbeit. Ein plötzlicher Leistungseinbruch oder Gedankenlücken, die Fehler auftreten oder wichtige Dinge vergessen lassen, können einem Energiebruch zugrunde liegen. Das kann mit einem Wohnungswechsel zusammenhängen, mit der Firma, aber auch mit den Arbeitskollegen, Vorgesetzten, die auch Energie schicken oder saugen, je nachdem. Das tun wir schließlich alle. Aber das bewusste Einsetzen von negativer Energie ist schon noch einmal ein wenn auch unsichtbarer, aber massiver Eingriff. Es kann auch vorkommen, dass ein kompetenter Mitarbeiter von Kollegen stets übergangen wird, weil die einfach seine positiven Energien anzapfen. Das alles passiert natürlich nicht, wenn man sich in einem hohen Schwingungsfeld befindet.

Hier bedarf es einer Erhöhung der Seelenenergie.

Krankheiten

Dazu gehören chronische Krankheiten, die mit einer neuen Wohnumgebung auftreten oder aber mit negativer Raumenergie und vor allem niedriger Eigenenergie zusammenhängen.

Hier bedarf es einer Erhöhung der Seelenenergie.

Bitte beachten Sie, eine Energieerhöhung ersetzt niemals einen Arztbesuch, sondern ist in Zusammenarbeit mit ärztlicher Hilfe die beste Lösung.

Depressionen, Verstimmungen, Müdigkeitserscheinungen

Das Gleiche gilt auch hier.

Auch hier ist es ratsam einen Arzt aufzusuchen.

Allem voran meinen wir depressive Verstimmungen, die, nachdem man in ein neues Heim eingezogen ist, aufgetreten sind. Manchmal werden Verstimmungen und Niedergeschlagenheit erst nach einem längeren Wohnen sichtbar, da das Haus bzw. die Wohnung noch nie energetisch gereinigt wurde. Viele Menschen sind sehr sensibel und nehmen diese Schwingungen sofort auf. Da sie sich ihre Veränderungen nicht erklären können, suchen sie nach Auslösern oder gehen dagegen an. Doch über einen längeren Zeitraum gesehen, können sie sich dagegen nicht wehren und wundern sich dann über mangelnde Lebensfreude. Hier bedarf es einer Erhöhung der Seelenenergie.

Schwer erfüllbare Wünsche

Wenn die energetische Schwingungsebene nicht mit der Wunschebene übereinstimmt, die meist deutlich höher liegt, hinkt man dem Wunsch einfach nur hinterher. Jahrelang passiert dann einfach gar nichts. Das Ganze hat natürlich auch mit geistiger Entwicklung zu tun, weil ebendiese notwendig ist, um sich einen Wunsch zu erfüllen. Viele tun dies ganz unbewusst, aber der Großteil der Menschen bleibt doch bei unerfüllbaren Wünschen hängen. Man findet sich dann einigermaßen recht wie schlecht mit dem Leben ab. Das muss nicht sein, denn wir sind auch hier, um zu lernen, uns unsere Wünsche zu erfüllen. Dazu ist es dringend notwendig, die Schwingung deutlich anzuheben, sodass die Wunschenergie mit der menschlichen Energie konform geht. Hier bedarf es einer Erhöhung der Seelenenergie.

Reinigen und mit hoher Energie versehen sollte man

Autos

Alle Fahrzeuge mit einer hohen Energie versehen funktionieren anders.

Auf das Auto wird eine Raumreinigung mit folgender Intention angewandt: Sicherheit und Freude am Fahren.

Computer

Das Gerät, das viele zum Verzweifeln bringt, weil es grad dann nicht funktioniert, wenn es am meisten gebraucht wird. Und vor allem tut es nicht das, was wir wollen.

Auf den Computer wird eine Raumreinigung mit folgender Intention angewandt: gutes und rasches Arbeiten, Freude.

Verträge

Durch eine Energieerhöhung erreicht man einen klaren Durchblick.

Auf Verträge wird eine Raum- oder objektbezogene Reinigung mit folgender Intention angewandt: gutes und erfolgreiches Geschäft für beide Seiten.

Wichtige Entscheidungstermine

Mit einer Energieerhöhung wird aus diesen Terminen der Druck genommen und es kann zu freundschaftlichen Begegnungen führen. Entscheidungen werden getroffen, die auch langfristig zum Wohl aller Beteiligten sind.

Auf zu treffende Entscheidungen wird eine objektbezogene Reinigung mit folgender Intention angewandt: absolut richtige Entscheidung.

Reisen

Es besteht ein unglaublicher Unterschied, ob Sie in niederer oder hoher Schwingung reisen. Viele Dinge ergeben sich einfach: die Mitreisenden sind freundlicher und man befindet sich immer öfter am richtigen Platz zur richtigen Zeit. Viel Stress bleibt dabei erspart.

Auf bevorstehende Reisen wird eine objektbezogene Reinigung mit folgender Intention angewandt: sicheres Reisen, gute Begegnungen, tiefe Erholung.

Vorschläge zur Intention

Die nachfolgenden Beispiele einer Absichtserklärung an die Räume erheben keinen Anspruch auf Vollständigkeit. Es sollen nur einige Gedanken zum Thema sein, die sich nach Ihren Bedürfnissen und Wünschen beliebig erweitern lassen.

Die Intention eines friedvollen Umgangs, einer gelebten Lebensfreude, eines guten Beisammenseins in von Liebe getragener Atmosphäre lässt sich grundlegend in jedem Raum installieren.

Nachdem die Raumreinigung erfolgt ist, können die einzelnen Räume noch mit einer Extraportion Intention versehen werden:

Eingangsbereich, Diele
Intention: ein Willkommen an wohlgesonnene Menschen, die Freude und Lachen hereinbringen. Neue Freunde, neue Bekannte sind hereingebeten.

Badezimmer, Dusche
Intention: Reinigung und Erfrischung – nicht nur des Körpers, sondern auch der Seele. Innere Schönheit, die nach außen strahlt.

Wohnzimmer
Intention: Gemütlichkeit, schöne Stunden im Kreise der Familie. Zur Erholung einladend, zu guten Gesprächen, die zu tieferen Erkenntnissen führen. Spontanes und freudvolles Feiern.

Gästezimmer
Intention: liebenswürdige, wohlwollende, entgegenkommende Freunde, Erholung, Energie tanken, körperliche und geistige Erfrischung.

Küche
Intention: gesunde Nahrung, Freude beim Zubereiten des Essens.

Esszimmer
Intention: gutes gemeinsames Beisammensein, das nährt und stärkt, physisches und psychisches Genießen, Lebensfreude.

Schlafzimmer
Intention: tiefe Erholung, Ruhe, Entspannung. Zugang zu den Träumen, um aus ihnen zu lernen. Verjüngung und Gesundung durch den Schlaf. Erholsame Zweisamkeit, ein ausgeglichener Austausch von Geben und Nehmen in der Liebe, ein liebevolles Miteinander.

Kinderzimmer

Intention: Spiellust, Lernfreude. Erholsamer Schlaf. Mutige, starke Entwicklung, die zur Authentizität auffordert.

Balkon, Terrasse

Intention: Erholung erfahren, sich sammeln und orientieren, regenerieren und neue Kraft schöpfen.

Garten

Intention: Freude an der Natur und gute Zusammenarbeit mit den Naturwesen. Gesunde Nahrung aus dem Garten, gute und reibungslose Gartenarbeit, Erholung für die Seele, Kraft und Energietanken. Fröhliche Feiern im Garten.

Extratipp: Für Gartenliebhaber oder die, die es werden möchten, lade ich bei den Intentionen gerne Elfen und Feen in die Gärten ein, damit sie Gartenbesitzer in ihrem Werken und Tun unterstützen. Heerscharen von diesen guten Helfern nehmen solch eine Einladung gerne an.

Garage, Stellplatz

Intention: positive Beherbergung für das Auto, um es in einem harmonisch einwandfreien Zustand zu halten.

Keller

Intention: stabiles Fundament für das Haus. Lagerräume, die energetisch sauber sind.

Dachboden

Intention: Ordnung und Sauberkeit, die sich auch auf alle Bewohner überträgt.

Geschäftsbereich

Intention: freundliche Kunden und Mitarbeiter. Reger Geldfluss. Spannendes Arbeiten und Entwickeln von neuen Ideen.

Bleibende Energieerhöhung

Ein wichtiges Kapitel unseres Lebens ist die bleibende Energieerhöhung. Sicher wird es nicht jedem Menschen gelingen, ständig auf einem höheren Energieniveau zu surfen. Oft sind die Rückschläge vorprogrammiert. Ein dummer Streit zieht uns wieder runter und wir geben uns auch noch die Schuld dafür, uns wieder in einem alten Muster verfangen zu haben. Doch nichtsdestotrotz ist es unsere Aufgabe, uns diesen Rückfall zu verzeihen, und wenn es geht, darüber zu lachen und wieder neu zu starten.

Ich weiß es selbst und auch von unzähligen anderen – auch wenn es noch so trostlos aussieht und man tatsächlich jahrelang an einem Problem hängt –, wenn man im Glauben und Vertrauen um Lösung bittet, wird sie sich einstellen. Diesen Hoffnungsschimmer kann man nur in die Welt hinausposaunen.

Alles um uns herum, die Welt mit ihren Geschöpfen und Dingen befindet sich im Zeitfluss. Auch wir Menschen befinden uns in dieser Zeitstruktur eines Anfangs und eines Endes. Diese lange Wegstrecke benötigen wir für Veränderungen. Doch Veränderungen sind oft langsam. Daher brauchen wir Geduld mit uns selbst, vermengt mit einem gewissen zärtlichen Umgang mit der eigenen Seele. Das ist weitaus angebrachter und Erfolg versprechender als ständige Selbstverurteilung. Wir müssen lernen, zu uns selbst gut zu sein, uns mit guten Gedanken auszustatten – und gute Nahrung physisch wie psychisch in uns aufnehmen. Wir alle sind von unten bis oben vollgestopft mit Schuldgefühlen, Verurteilungen und Selbstbezichtigungen. Gerade deswegen gibt es derart viel Kampf auf der Welt. Unser ureigenster Verdienst wäre es schon, bei uns selbst mit diesem Kampf aufzuhören.

Wie oft kommen wir uns klein, dumm und vor allem anders als die anderen vor. Wir fühlen uns anders, nicht dazugehörend. Doch gerade diese Gefühle isolieren uns und lassen uns vor Angst erlahmen. Aber genau diese Unterschiedlichkeiten machen unser ganz eigenes Wesen, unsere Authentizität aus und erheben uns zu einem Wunder unseres Lebens. Auch wenn wir Schmerz in uns tragen, brauchen wir ihn nicht zu verbergen. Im Gegenteil, ehrlich nach außen getragen, kann er viel Gutes hervorrufen.

Erst wahrhaft machen uns unsere offenen Wunden. Mit anderen geteilt, regen sie bei unseren Mitmenschen einen Heilungsprozess an und setzen Herzensarbeit in Gang. Wir sind hier, um unsere Seele rein zu halten. Menschen, mit strahlender heller Seelenhülle können gar nicht mit niedrigen Energien in Berührung kommen. Doch dazu muss man ständig an sich arbeiten, seine inneren Ideale hochhalten und vor allem seine Authentizität leben.

Fremdenergien und Besetzungen

Ein heikles Thema für betroffene Menschen. Doch wie kommt es dazu? So wie sich zum Beispiel kleine Kinder die Aufmerksamkeit der Mutter erzwingen, genau so verlangen die fremden Energien und Besetzungen die Aufmerksamkeit und Energie des Besetzten.

In der Tat spürt man, wenn nicht bewusst, dann unbewusst, dass da etwas nicht stimmt, denn man fühlt sich nicht in seiner eigenen Energie. Oft reagiert man konträr zu seinem sonstigen Verhalten. Die Anzeichen sind: Man geht schnell in die Luft, wird unwirsch oder völlig unzufrieden mit sich selbst, ergo – man kann sich plötzlich nicht mehr ausstehen. Da man nicht Definitives greifen kann, verstärkt es die schon vorhandene Angst, dass da was nicht stimmt. Und je mehr Menschen über Besetzungen und Anhaftungen Bescheid wissen, desto mehr verstärkt sich die Angst, dagegen nicht gefeit zu sein. Doch bereits dadurch werden die Angst und die Besetzungen zunehmend mehr, was dann auch schnell der Fall ist. Je mehr Angst – gleich niedere Schwingung – desto einladender wirkt der Mensch auf solche fremden Energien. Diese begeben sich in die Aura eines Menschen, setzen sich dort fest und verbleiben dort wahrhaft festgekrallt. Und es sind viele, die von Besetzungen heimgesucht sind. In der Regel sind dies Anhaftungen von verstorbenen Seelen, die nicht hinübergegangen sind, sondern noch bei uns »herumhängen«, aber Energie brauchen, die sie sich von gewissen Menschen holen.

Deutlich sieht man dies in der Aura oder dem Seelenbild eines Alkoholikers, eines Drogensüchtigen. Aber auch der scheinbar ganz normale Mensch, der täglich unauffällig seiner Arbeit nachgeht, kann unter Depressionen leiden, unter Schlaflosigkeit oder einfach nicht in die Erfüllung seines Lebens gelangen. Und da fragt man sich als Außenstehender ohne Aurasicht, warum?

Ich will Ihnen hier keine Angst machen, doch diese Dinge sind Realität. Entweder sind Sie Ihnen bereits geläufig oder, wenn Sie bis hierher gelesen haben, Sie sind zumindest daran interessiert, mehr über diese Energien und Ihre Wirkweise zu erfahren.

Nun können wir darüber diskutieren, ob der Alkoholiker, schon bevor er dazu wurde, von einer Besetzung heimgesucht wurde oder erst mit dem Abstieg in den Alkoholkonsum die Besetzung aufgetaucht ist.

Zumindest sind Menschen mit solcher Aura ein »energetisches Fressen« für Fremdbesetzer. Im Grunde gibt es bei dem Besetzten meist viele unerlöste Themen, die das Energiefeld löchrig machen. Zugrunde liegen oft emotionale Mangelerscheinungen, bereits in der Kindheit entstanden, die nicht gelöst sind. Diese werden so lange mit sich herumgetragen, bis man sich zu einer Lösung bereit erklärt. Die Seele schreit nach Erlösung, der Mensch in seiner Unbewusstheit weiß nichts damit anzufangen und gibt dem Körper irgendetwas, was der Seele Erleichterung verschaffen soll. Drogen, Alkohol, aber auch Streitsucht sind Ausdrucksformen von niedrigen Energien. Doch das ist die falsche Nahrung für die Seele.

Für nicht definierte Probleme eignet sich eine Seelenerhöhung über die »Transformation mit Wasser« oder auch »Transformation mit Sonne«.

Hat der Mensch Alkoholprobleme, so eignet sich eine Seelenerhöhung über die »Transformation mit Sonne« am besten.

Hat der Mensch Drogenprobleme, so eignet sich eine Seelenerhöhung über die »Transformation mit Wasser« bei der morgendlichen Dusche.

Verfluchungen und Verwünschungen

Zunehmend wächst die Anzahl der Menschen, die große Angst vor Verfluchungen und Verwünschungen anderer Personen haben. Allein diese Angst reicht aus, um den negativen Energien Raum zu geben. Ein Fluch kann keine Wirkung auf uns haben, wenn wir stark genug sind. Doch jede Reaktion in Richtung Angst lädt genau diese Energie in unser Leben ein.

Ausreichend geschützt sind wir erst, wenn wir die Verantwortung für unser Leben erkennen und uns mit der Materie auseinandersetzen.

Persönlich sind mir so einige Menschen bekannt, die jede Art von Energiearbeit strikt von sich weisen, doch selber Probleme ohne Ende haben.

Nun, wie gesagt, meine Arbeit beläuft sich nicht aufs Missionieren, davor verschone ich sogar Familienmitglieder. Aber wenn wir uns die Lebensqualität von Menschen anschauen, ich meine nicht die, die man uns vorzuspielen versucht, sondern die echte, die man auch wirklich spürt, dann begreift man die Wichtigkeit von energetischer Arbeit.

Bleibender Heilungserfolg auf diesem Gebiet und keine Angst vor Besetzungen und dem Einfangen von Fremdenergien bietet nur die dauerhafte Energieerhöhung.

Einmal täglich sollte man sich schon in aller Ruhe mit

seiner Eigenenergie beschäftigen, die Sorgen und Ängste im Licht auflösen, ihm übergeben, transformieren. Das bringt dauerhaften Erfolg. Man wird bewusster, das Herz wird liebevoller, weiter, und wir sind unseren Mitmenschen glücklichere Partner.

Die einzig wirkliche Aufforderung liegt in der Erhöhung der eigenen Schwingung oder Frequenz.

Dazu eignet sich eine Seelenerhöhung über die »Transformation mit Wasser« bei der morgendlichen Dusche am besten.

Energieerhöhung der Erde

Die Energieerhöhung der Erde betrifft uns alle, denn das ist die Raumenergie, die unseren ganzen Planeten durchzieht. Sie ist überall, grenzenlos, und wir sind nun einmal untrennbar mit ihr verbunden und sie mit uns. Einige Seher und Weisheitslehrer gehen sogar so weit, zu behaupten, dass die Schwingung der Erde sich aus unerklärlichen Gründen erhöhen würde. Und selbstverständlich wissen diese Leute auch Hunderte von Gründen, teilweise sogar wissenschaftlich belegte. Aber hier näher darauf einzugehen wäre sowieso zu umfangreich.

Gehen wir davon aus, dass die Wissenschaft recht hat und die Energie der Erde sich von sich aus erhöht, so kommen wir zu dem Schluss: Wenn die Lebewesen darauf nicht in der gleichen Energie mitschwingen, dann werden sie es nicht schaffen, weiter darauf leben zu können. Einige der Thematiker gehen auch davon aus, dass die Erde sich durch Naturkatastrophen wie Überschwemmungen, Orkane, oder den berühmten Meeresspiegelanstieg, durch die Gletscherschmelze bedingt, von sich aus der negativen Energien entledigt.

Bitte schließen Sie sich dieser Aufforderung an, denn die Erde hier braucht jeden Einzelnen, der sich um eine höhere Energie bemüht. Allein wenn wir unsere eigene

Energie erhöhen, beginnt schon ein Energieanstieg auf der Erde, den wir alle mehr als dringend nötig haben. Das heißt, ob wir wollen oder nicht, wir haben in den niederen Energieschichten, in denen wir so gerne herumschweben, sowieso nichts verloren. Da halten wir uns aus gewohnheitsmäßigen Gründen auf, weil das Opferdasein und Fremdbeschuldigen uns um einiges leichterfällt, als an uns selbst zu arbeiten. Noch dazu drängt uns unser Gesellschaftsbild nahezu täglich in die Abhängigkeitsrolle, derer wir es uns unmöglich machen, zu entkommen. Wir tun, weil es alle tun, wir jammern um die Wette, schütteln resigniert den Kopf, denn im Endeffekt geht es allen gleich, meinen wir. Dass dies ganz sicher nicht der Fall ist, würden wir aber erst erkennen, wenn wir ein wenig über uns hinauswüchsen.

Schon allein wenn wir den Kopf etwas anheben und nur wenig von der höheren Schwingungsluft einsaugen, können wir bereits die ersten schönen Veränderungen bemerken. Unaufhaltsam werden wir von der höheren Schwingung angesogen, wo wir eigentlich auch hingehören. Daher macht es Sinn sich mit einer hohen Energie auseinanderzusetzen. Von Energie zu sprechen, sie in Worte einfangen zu wollen ist ungefähr gleichzusetzen mit dem Unterfangen, wenn man Zeit in einem Einmachglas einwecken würde, um dann gegebenermaßen davon zu naschen.

Was macht diese hohe Energie aus? Hier handelt es

sich nicht nur um den Ausdruck von Freude, Freiheit und Harmonie. Hohe Energie ist eine Form von Eigenermächtigung. Die Macht der eigenen Inkarnation zu ergreifen. Meine, mir ganz eigene Freude der Welt zum Geschenk zu machen. Wenn wir alle unsere hohe Energie aus unserer ureigenen Freude und Liebe zum Ausdruck brächte, dann wäre diese Welt eine ganz andere. Sie würde mehr strahlen.

Transformation – Erde

Dies ist eine kleine wirkungsvolle Erdtransformationsübung, die ich oft und gerne mache. Sie befähigt mich, mich noch intensiver mit der Erde und ihren Lebewesen auf ihr zu verbinden und mein Herz tief für diesen Planeten zu öffnen, der unserer Heilung bedarf.

Sehr gern schließe ich diese Übung nach der Erhöhung der Eigenenergie an. Zumal es einfach gut zusammenpasst, und es ist ein gutes Gefühl, sich selbst der Ekstase der energetischen Liebe hinzugeben und die Erde zu heilen.

Übung:

Beginnen Sie damit, sich mit dem Licht zu verbinden. Dazu bitten Sie einen Lichtstrahl zu sich zu kommen und verbinden sich mit ihm. Das Licht ist in und um Sie herum. Es strahlt aus Ihrem Herz heraus, wird größer und weiter und heller und strahlt immer weiter. Alles taucht sich mehr und mehr ins Licht, die nächsten Meter um Sie herum und auch der Ort, an dem Sie sind. Es breitet sich immer weiter aus, über das Land, die Felder, die Wiesen, die Wälder und über die Stadt. Es geht weiter über die nächsten Länder, den Kontinent, die Meere und alle Erdteile. Alles ist eingehüllt ins Licht, eingetaucht in den Frieden. Alle Lebewesen sind in der Energie der Liebe. Pflanzen, Tiere, Menschen, alles was lebt, je gelebt hat und je sein wird.

Licht, Liebe, unglaubliche himmlische Freude. Sie spüren, wie Gott durch Sie hindurch mit all seiner Liebe in diese Welt hineinlächelt und so ungefähr sagt: »Alles ist gut.« Und so ist es. Alles ist gut.

Alternative Übung:

Eine zweite Version ist, wenn Sie sich die Erdkugel vorstellen und beginnen, ein Licht über die einzelnen Kontinente auszusenden. Bis eine Lichtschicht die ganze Welt umhüllt und alles ganz in Liebe getaucht ist. Liebe, Friede und Harmonie umziehen mit ihrer Energie die Erde.

Dann stellen Sie sich vor, wie Gott diesen ganzen Erdball in seiner Hand hat, und nichts, nichts, aber auch gar nichts kann da mehr passieren. Es ist eben alles gut. Und dann spüren Sie Gottes Lächeln und wissen, dass Sie nicht aus seiner Hand fallen können.

Die Macht der Inkarnation zu ergreifen bedeutet auch im Erdenleben zu handeln und nicht die Hände in den Schoss zu legen.

Vielleicht stellen wir alle unsere Inkarnation, unser ganzes Leben der Erde zur Verfügung, um hier etwas zu verändern. Wir wissen es nicht, aber es könnte doch irgendwie sein, dass hier der große Plan liegt? Doch was wir hier tun, hängt von uns ab. Ob wir zum Positiven hin an dieser gesamten Entwicklung, uns eingeschlossen, teilnehmen oder noch mehr Schaden anrichten. Wir entscheiden jeden Tag aufs Neue. Lesen Sie die nachfolgenden Sätze durch und fühlen Sie, ob und was dadurch in Ihnen ausgelöst wird.

Aufforderung zum Handeln

Ich gelobe es mir jetzt zu dieser Stunde, mein Herz in die Hände zu nehmen. Möge Gott mir die Kraft, den Mut und die Stärke geben, im richtigen Moment zu handeln.

Ich verspreche mir, mein Leben in den Dienst des Miteinanders zu stellen und nicht die Augen zu verschließen, sondern zur Tat zu schreiten.

Mögen alle Engel und himmlischen Helfer mir zur Seite stehen, wenn ich gebraucht werde und ich über meine Ängste hinauswachsen muss.

Ich verpflichte mich, einzuschreiten, wenn ich gebraucht werde, meine helfende Hand anzubieten, wenn jemand danach verlangt, niederzuknien, wenn jemand am Boden liegt.

Ich denke, es braucht noch viele Menschen, die ihre Gebete hier einfließen lassen, ihre guten Gedanken erheben und auf diese Welt einwirken lassen. Es ist noch zu früh uns auszuruhen. Doch wer weiß, vielleicht ist der Planet Erde gar nicht als unser Ruhepolster gedacht, auf dem wir durch unsere Inkarnation hindurch uns ausruhen und es uns nur gut gehen lassen.

Wäre es nicht wunderbar, wenn folgende Sätze unser tägliches Gedankengut wären?

Möge meine Seele mich mahnen, wenn mir mein Mitgefühl abhandenkommt, möge mein Herz mich leiten, weiter und weiter zu werden, dass kein Platz außer Liebe mehr ist.

Ich verbürge mich dafür, dass ich ab jetzt reden werde, wenn ich etwas zu sagen habe. Und wenn es sein muss, jemanden zur Rede zu stellen, um Unrecht zu verhindern, so werde ich es tun.

Möge der Himmel mir Schutz und Geleit anbieten, die Gestirne meine Verbündeten sein und mich an die übermenschliche Kraft des Einzelnen erinnern.

Ich beschwöre mein Herz, dass es mich daran erinnert, die Gebete für alle zu beten, die sie dringend brauchen, mein Licht vor mir leuchten zu lassen, um jeden damit zu bestrahlen, der gerade im Finsteren ist.

Licht oder Irrlicht der Finsternis?

Unter den Menschen gibt es viele verschiedene Charaktere. Darunter gibt es solche, die Licht in sich tragen und jene, bei denen das Herz verdunkelt ist. Zu jemanden hinzugehen und ihm zu sagen, dass er zu jenen gehört, die eine finstere und dunkle Ausstrahlung besitzen, kommt einem Mord gleich. Es ist, als ob man so jemandem den Dolch ins Herz stoßen würde. Wer möchte schon der Finsternis angehören?

In der Szene der Spirituellen beschuldigen sich die Gurus untereinander der schwarzen Magie. Wir alle wissen, dass es die schwarze Szene gibt. Darunter befinden sich genauso Heiler, Spirituelle, aber natürlich auch der Firmenboss oder der ganz normale Angestellte. Und erstaunlicherweise gibt es mehr als genug Menschen, die wiederum Leute aus der schwarzen Szene aufsuchen und um Hilfe bitten, damit diese Macht in ihr Leben bringen, die sie in sich nicht finden können. Doch damit antwortet die Finsternis. Und sie antwortet gewiss. Kein geringerer als Paulo Coelho hat sich mit der schwarzen Magie intensivst auseinandergesetzt und ihr dann abgeschworen.

Das Spiel mit der Finsternis ist nun einmal ein gefährliches. Außerdem betrifft es gerade die Sensiblen am allermeisten. Alles an Energie schwirrt um uns herum, und wer denkt und glaubt, man kann, ohne den Preis zu zahlen, die Finsternis zu sich einladen, der irrt gewaltig. Welche Um- und Irrwege solche Menschen in ihrem Leben dann gehen, ist oft schaurig.

Im Allgemeinen gilt: Sollte sich zu Beginn einer Begegnung ein eigenartiges Gefühl einstellen, bitte lassen Sie sofort die Finger davon. Ich weiß aus eigener Erfahrung, wie verwirrend die Situation oft sein kann. Man lernt jemanden kennen, der einen zu einer Gruppe mitnimmt, die sich alle ganz besonders vorkommen und glauben in Geheimnisse eingeweiht zu sein, die den Sterblichen vorenthalten sind. Doch den Sterblichen ist heutzutage gar nichts vorenthalten. Und oft ist dieses eigenartige, überlegene Getue ausgeprägtes Ego und rein der Finsternis entnommen. Wo immer man glaubt, den anderen so viel voraus zu sein, so klug und derart belesen und mit Esoterik vollgestopft, der folgt ganz sicher dem Irrlicht in den Nebelschwaden.

Jeder Mensch kann hier in dieser Inkarnation seine Muster und die damit verbundenen Schmerzen auflösen und heilen. Zu glauben, nur durch eine spezielle Technik wäre dies zu erreichen, kommt schon wieder der Anmaßung gleich. Es gibt mittlerweile Tausende Techniken, die bei dem einen wirken und eben bei einem anderen nicht.

Das hat nichts damit zu tun, dass die Technik nichts wert ist.

Sofortiger Schutz

Wenn Sie, aus welchen Gründen auch immer, sofort Schutz benötigen, weil Sie sich in einer Gefahr befinden oder Ihnen etwas zuzustoßen droht, rufen Sie am besten sofort einen Engel herbei. Tun Sie das so lange, bis Sie ihn neben sich wissen.

Wenn Sie eine Schutzhülle brauchen, begeben Sie sich in eine Hülle aus Licht. Dazu gilt folgende Intention: »Nichts Negatives dringt mehr zu mir ein!«

Damit sind Sie sicher und geschützt. Sie können natürlich auch beides zugleich anfordern, den Engel an Ihre Seite und die Lichtblase um Sie herum. Doch warten Sie nicht so lange, bis Sie in angst- und sorgenvolle Gedanken verfallen. Am besten ist, Sie reagieren sofort.

Wer sich selbst weiterentwickelt, seine egohaften Machtspiele durchschaut und letztlich aufgibt, wird sich einem erfüllten Leben nähern. Dann erkennt man plötzlich, was sich so oft hinter den Masken verbirgt. Doch glauben Sie mir, es macht keinen Sinn jemanden auf seine innere Finsternis ansprechen. Selbst den größten Schwarzmagier nicht, auch dann nicht, wenn er direkt vor einem steht. Das kann passieren. Doch davor braucht man keine Angst zu haben, denn man weiß sich im Licht. Lächeln Sie und lassen Sie es Licht werden.

Nachwort

Unsere Reise durch die Welten der verschiedenen Energien gelangt nun zu einem Ende. Ich hoffe, dass auch Sie sich aufgefordert fühlen, an der Veränderung der Energie zum Positiven hin mitzuwirken, um Mitgestalter Ihrer und unser aller Zukunft zu werden. Denn es gibt keine Instanz im ganzen Kosmos, die es nicht gut mit uns meint.

Ist es nicht so, dass wir uns alle miteinander auf einem Weg befinden, den wir von jetzt an in hoher, reiner Energie gehen können, wenn wir Raum- und Seelenenergie verstanden und verinnerlicht haben? Angstenergien, Machtkämpfe und ein Leben im Kampf sind nicht länger nötig. Wir können ein Dasein wählen, in dem uns die Dinge leicht gelingen und Probleme zu Herausforderungen werden und lösungsorientiert gemeistert werden können. Und alles, was uns widerfährt, kann zu einem positiven Ergebnis geführt werden.

Nichts ist in diesem Universum unmöglich. Unsere Zeit ist einfach reif dafür, so wie noch nie. Der Wandel ist deutlich sichtbar.

Mögen Sie und wir alle das Beste aus unserem Leben herausholen, friedliche Wege gehen und uns im Miteinander begreifen.

Über die Autorin

Marie Zotter, Jahrgang 1974, wuchs in einer bäuerlichen und traditionellen Umgebung im südoststeirischen Hügelland auf. Sanfte Hügel formen dieses schöne Land, vorwiegend bewachsen mit Obst und Wein. Und auf einem dieser von Obstgärten umgebenen Hänge steht ihr Elternhaus.

Mit vielen Geschichten regte ihre Oma ihre Fantasie an und alsbald fing sie selbst an zu schreiben, was sie ebenso wie die Gartenarbeit seit ihrer Kindheit begleitete. Geführt durch ihre Liebe und Achtung für die Natur wählte sie eine Ausbildung zur Meisterfloristin und Kräuterpädagogin und machte sich danach selbstständig.

Das Schicksal forderte sie heraus und drängte sie, ihr altes Leben hinter sich zu lassen und neue Wege zu beschreiten. Das mag vereinfacht nach einer Neuorientierung klingen, aber in Wahrheit war es mehr als das.

Sprichwörtlich allein ging sie durch das Niemandsland, sozusagen das Suchen nach einem neuen Lebenssinn. Denn ohne diesen wollte sie nicht mehr sein. Verstärkt befasste sie sich mit Spiritualität und ließ sich zur Reikimeisterin ausbilden.

Seit ihrer Transformationsphase, wie sie es nennt, ist ihr Herz weit geworden. So weit, dass darin Platz, Verständnis und Mitgefühl für Menschen mit Schicksalsnöten ist. Und heute stellt sie ihr Wissen und Können anderen Menschen zur Verfügung.

Sollten Sie Interesse an spezieller Beratung und Erfahrungsaustausch mit der Autorin haben, so ist diese unter E-Mail: marie.zotter@gmx.at zu erreichen.

Zusätzlich besteht die Möglichkeit, sich über den Verlag an die Autorin zu wenden.

Weitere Publikation der Autorin

Marie Zotter
Schicksalsstern & Seelenschatz
216 Seiten, kartoniert
ISBN 978-3-942128-18-6

Um glücklich und zufrieden zu leben, braucht man ein Schicksal, welches einem wohlgesonnen ist. Doch Glück und Schicksal sind zwei launische Gesellen. Wird uns Glück geschenkt, so sprechen wir davon, dass uns das Schicksal hold ist. Sucht uns das Schicksal heim, so hat uns unser Glück verlassen und wir stellen uns die Frage nach dem Warum. Die Antworten sind schwierig zu erreichen, außer wir nehmen allen Mut und alle Kraft, die wir haben und bekommen können, und gehen mitten hindurch. Auch wenn es oft schmerzt, sich sinnlos anfühlt und gar kein Ende zu nehmen scheint, so wird letztlich der Weg hindurch tiefe Erkenntnisse und eine Läuterung unseres Seins erbringen. Erst dann versteht man die Botschaft des Schicksals: Wer durch extreme Phasen der Veränderungen hindurchgeht, kommt als neuer Mensch hervor.

Die Autorin beschreibt in ihrem Buch zwanzig tiefgreifende Schicksalsgeschichten, in denen Menschen den Weg hindurch fanden und zu einem neuen Selbst gelangten.

Erhältlich im Buch- und Fachhandel

Fordern Sie bitte unser Gesamtverzeichnis an!

CORONA • Postfach 76 02 65 • 22052 Hamburg
Tel: 040 - 642 210 22 Fax: 040 - 642 210 23
E-Mail: Corona-Hamburg@t-online.de
www.coronaverlag.de